アドラー式子育て

家族を笑顔にしたいパパのための本

熊野英一
Eiichi Kumano
（株式会社子育て支援 代表取締役）

発売　小学館
発行　小学館クリエイティブ

JN217548

目次

相談5　子どもが保育園で「発達障害のグレーゾーン」とされ、夫婦関係もギクシャクしている　102

相談6　子どもの受験を控え、心配しているが、家族になかなか話ができない　120

序　章

パパに
最初に伝えたいこと

最初に、この本全体に通じる考え方である
アドラー心理学の「勇気づけ」と、
その反対語「勇気くじき」についてお伝えします。

「人としてのあり方」を説くアドラー心理学

この本はその名のとおり、『『家族を笑顔にしたい』と願うパパ」のための本です。

もう少し具体的に、はっきりというならば、『『家族を笑顔にしたい』と願っているのに、そして、そのために、よかれと思って一生懸命がんばっているのにもかかわらず、思いとは裏腹に、なぜか子どもとよい関係を築けていないと感じたり、愛しているはずのヨメとの関係が徐々に悪化していると感じたりしているパパ」のための本です。

子どもの気持ち↓「わかんねえ」（何回言えば、わかるんだ！）

オンナゴコロ　↓「難しい！」（言ってくれなきゃ、わかんないよ！）

「おれだって、こんなにがんばっているのに！」

「たまには、おれの気持ちにもなってくれよ」

多くのパパの、こんなココロの叫びに応えるために、書きました。

かくいうわたしにも、家族の笑顔と幸せを願い、懸命に働き、家事や育児を担い、理想的な父・夫であろうと努力してきたのに、うまくいかない経験をなんども繰り返して、途方に暮れてしまう時期がありました。

仕事面においては、サラリーマンを卒業して自分の会社を立ち上げ、ようやく軌道に乗ってきたころです。思い返せば、働く仲間との人間関係においても、自分の熱い思いとは裏腹に、部下の退職など悩ましい出来事が続き、理想のボスになれない自分にうんざりしていました。

そんなときに出合ったのが、アドラー心理学でした。不思議なことに、同時期に複数の知人・友人から、アドラーの書籍を読むことを勧められたのです。わたしが家族や職場の人間関係で苦しんでいるのを見て、「ここに、ヒントがあるぞ」と教えてくれたのでしょう。

素直に従いました。今はもうなくなってしまった、新宿の大きな本屋でアドラー心理学の書籍を数冊購入し、むさぼるように、悩みに対するヒントを探しました。

「目からうろこが落ちる」とは、まさに、このようなことをいうのでしょう。そこには、わたしが幼少期から社会人に至るまでに築いてきた常識、正義、価値観の、根幹を揺るがすような考えが書かれていたのです。ただし、「見たことも、聞いたこともない」ような、新しい理論があったわけではありません。書かれていたのは、「人としてのあり方」を説いた、シンプルな原理原則でした。

わたしは、頭でわかっているつもりになっていた「人としてのあり方に関する原理原則」を腹落ちさせることなく、ただやみくもに、理想的な父・夫・ボスになろうと、空回りしているだけだったということに、ようやく気づいたのです。

今では、子育て中のパパ、ママや、部下を育てる上司などを対象に、こうして本を書いたり、講演をしたり、研修やカウンセリングをしたりして、アドラー心理学にもとづく「勇気づけのコミュニケーション」を広める活動をしています。

アドラー心理学は「実践の心理学」といわれます。まるで、おけいこ事のように、日日の実践を通して、少しずつコミュニケーションが上達していく、ということです。わたし自身も、いまだに修業中の身。失敗を繰り返しながら、そんな「不完全な自分を認める勇気」をもって、少しずつ前に進んでいます。

勇気づけと勇気くじき

アドラー心理学はまた、「勇気づけの心理学」ともいわれます。この本では、子どもとのかかわり方や、妻との関係に関する「お悩み」を抱えた8人のパパが、カウンセラーであるわたしとの対話を通して、**「勇気」**を出して行動を起こしていく、リアルなストーリーを紹介しています。

アドラー心理学で**「勇気づけ」**とは、**「困難を克服する活力を与えること」**をいいます。自分に対しても、他者に対してもできることです。けがや敗北といった困難を乗り越えて、大舞台で復活を果たしたアスリートの姿に感動し、勇気づけられた経験が、みなさんにもあるでしょう。わたしは、「勇気は連鎖する」ことを知っています。この本を読むことで、8人のパパの勇気ある行動にみなさんが勇気づけられ、「自分も変わろう」と決意し、行動するパパが増えると信じています。

「勇気づけ」の反対語は、**「勇気くじき」**です。**「困難を克服する活力を奪うこと」**をさします。頭のなかで声にならない「悪魔の声」が、「どうせ、おれなんて……」「やっぱり、ダメだ」「いつもこのパターンで、うまくいかない」とささやくことがあるとしたら、それが、**「自分への勇気くじき」**です。相手のためによかれ、という気持ちがあったとしても、子どもや妻、職場の同僚などの自信やチャレンジ精神をそぐような言動をしているとしたら、それが、**「他者への勇気くじき」**です。

勇気が連鎖するように、勇気くじきもまた、家庭や職場で連鎖していきます。この本を通して、家庭や職場での勇気くじきをやめて、勇気づけをする人が増えることを願っています。

「家族の笑顔を増やしたい」「活気と笑顔があふれる職場で働きたい」と願うみなさんが、まずは自分自身が、家庭でも、職場でも笑顔でいられるようになるためのヒントが、この本には惜しみなく、わかりやすく、散りばめられています。どうぞ気楽な気持ちで、気になるところから、読み始めてみてください。

幸せの3条件とは

さて、ここで簡単に、アドラー心理学とその創始者であるアドラー自身について、触れておきましょう。アルフレッド・アドラーは１８７０年、ユダヤ人の7人兄弟の次男として、オーストリアのウィーンに生まれた精神科医であり、心理学者です。臨床心理学の基礎をつくった心理学三大巨頭のひとりとして、フロイト、ユングと並び称されています。

ウィーン大学医学部を卒業して精神科医となったあと、1902年には精神分析の大家フロイトに招かれ、のちにはウィーン精神分析協会の会長に就任します。しかし1911年、学説の対立からフロイトと袂《たもと》を分かち、「個人心理学」（日本では、一般的に「アドラー心理学」とよばれています）という、独自の理論体系を創設しました。

人が幸せを感じるために、アドラーはシンプルな3条件を示しました。

アドラー心理学
幸せの3条件

1 **自己受容**＝不完全な部分を含む、ありのままの自分でもOKと思える
2 **他者信頼**＝他者を不信の目で見ないで、無条件で信じることができる
3 **他者貢献**＝自己犠牲を感じずに、だれかの役に立っていることを喜べる

この本質的でシンプルな原理原則を、腹落ちするまで、繰り返し実践していく。その実践の積み重ねの先に、笑顔あふれるあなたがいます。笑顔のあなたは、子どもや妻、友人や職場の関係者を笑顔にするような、よい影響を与えられるようになります。笑顔あふれ

る他者に囲まれたあなたは、さらに笑顔になります。勇気も笑顔も、連鎖するのですね。
この本を通して、「勇気と笑顔の連鎖」を、ともに学んでいきましょう。

２０１８年５月

熊野英一

第1章

パパの子育てFAQ

パパの子育てに関するFAQ(よくある質問)5つと、
それに対するアドバイスを、
一問一答形式でまとめました。

FAQ 1

Q

不機嫌な妻への接し方

家事・育児に疲れて不機嫌な妻に、どう接すればいいのかわかりません。なにが問題なのかを聞いても、明確な答えはないし、解決策を提案しても、それを受け入れてもくれません。いったい、どうすればいいのでしょうか？

A　妻は気持ちをわかってほしい。こちらの解決策を押し付けない

あなたはよき夫として、妻が抱えている問題を分析し、その解決策を提示することで、妻を助けたいと考えます。これは、あなたの色めがね（主観）を通した、ロジカルな対応ですが、妻が求めているのはそんなことではないのです！

相手の目で見て、相手の耳で聴いて、相手の心で感じてみてください。自分から魂を幽体離脱させて、相手に憑依《ひょうい》するようなイメージですね。これが**「共感」**であり、「つねに、自分から」共感を示すことを**「共感ファースト」**といいます。こちらの「前提（そこに問題があるなら、解決すればいい）」を取り外し、相手に「共感ファースト」してみたら、どんな気持ちが湧き起こってくるでしょうか。

人が困難に直面し、勇気がくじかれて（↓11ページ）いるときは、まず相手が「どんな気持ちでいるのか」を聴いてください。解決策はそのあと。この順番が大切です。共感により「わかってもらえた」と確認できて初めて、解決策に取り組む勇気をもてるようになるのですから。

勇気くじきには、共感によって勇気づけを。相手が妻であれ、子どもであれ、部下であれ、顧客であれ、性別や年齢にかかわらず共通する原則です。

FAQ 2

Q

「ママがいい」と言われる

子どもの世話をしようとすると、「ママがいい」と言われることがよくあります。せっかく、「育児に積極的にかかわりたい」とやる気もあったのですが、こう言われてしまうと、だんだんモチベーションが下がってしまいます。どう対応すればいいでしょうか？

A　子どもの気持ちに「共感ファースト」しよう

せっかく、前向きに育児に取り組もうと思っていたのに、「おいおい、少しはおれの気持ちもわかってくれよ！」と、へこみますね。でも、ちょっと待って。子どもも、同じふうに思っているかも。「僕（わたし）の気持ちもわかってよ！」と。

いつも一緒にいてくれて、ほっぺもツルツルしていて、いいにおいがする、ママのほうがいいに決まってるでしょ――。パパと子ども、どちらも自分の気持ちをわかってもらいたい、**「共感」**してもらいたいんですね。

では、パパと子ども、どちらが先に共感を示したらよいのでしょうか。子どもは、親の背中を見て育つのです。冷静に考えたら、おのずと答えが出るのでは？

ちなみに、そもそも「ママと競争する」という時点で、戦略の選択ミス。あなたは、勝つのが難しい相手と競争しようとしています。戦う相手を間違えて、負けて、へこんで、モチベーションを下げている。完全なる自爆です。

子どもとの信頼関係は、じっくりと育むもの。「パパが（も）いい」は、その先にあります。仕事で、顧客との関係構築をていねいに積み上げていくのと同じことですね！

FAQ 3

Q

妻に「家事をもっとやって」と言われる

家事・育児を自分なりにがんばっているつもりですが、妻からは感謝のことばもありません。そのうえ、「もっとやって」とさえ言われるので、報われないと感じてしまいます。どうしたらいいでしょうか？

A 子どもも妻も、あなたも「共感」を求めている。だから「共感ファースト」

パパ向けの本書を読んでくださっているママも多いと思います。そんなママの多くは、このパパの悩みを見て、「えっ!? ママ友ランチのときに盛り上がる鉄板ネタと、同じことを言っている！」と思ったのではないでしょうか。

パパもママも、どちらも双方によかれと思って、家族のために身を粉にしてがんばっているのです。そして、がんばっていること、それでも思いどおりにならないこと、報われない気持ち、徒労感、いろいろな感情を「わかってほしい」「そのまま、受け止めてほしい」と願っています。そう、子どもや妻（や職場の女性陣）だけでなく、パパであるあなた（や周囲の男性）も**「共感」**してほしいのですね。

「共感」をはしょって、物理的に家事・育児の分担量を増やしても、「もっとやって」はなくならないでしょう。当たり前のことを「有って当たり前」ではなくて、「有り難いこと」と、とらえ直しましょう。意識が変われば、行動が変わります。行動が変われば、習慣が変わります。習慣が変われば、人格が変わります。人格が変われば、運命が変わります。運命が変われば、人生が変わりますよ！

FAQ 4

Q

叱り方がわからない

子どもが悪いことをしたとき、「親として、しつけをしなければ」と思うのですが、具体的にどうやって叱ればいいのか、わかりません。正しい叱り方を教えてください。

A　叱って勇気をくじくより、「お見本」になって教えて、勇気づけよう

「しつけ＝厳しく叱って、身につけさせる」と、とらえている人は多いですね。確かに、動物のしつけには「アメとムチによる調教」が有効であり、必要ですが、あなたの子どもは人間ですから、「調教型のしつけ」よりも有効な方法があります。

「学ぶ」と「まねる」は、同じ語源（まねぶ）から派生しているそうです。子どもに新しいことを「学んで」もらいたいと願うのであれば、子どもが「まねできる」ように、親自身が「お見本になる」ことが、より有効です。親と子は「調教師と動物」の関係ではなく「お見本を示す人と、それをまねして学ぶ人」の関係である、ということです。

子どもをアメとムチ（ほめたり、叱ったり）で、大人の思いどおりに操作しようとし続けると、子どもの勇気をくじき→11ページ、やがて子どもは、学ぶ意欲を失います。あなたが英語を習う、ゴルフの練習をする、パソコンのスキルを習得する、異動先の新しい仕事を覚える――こんな場面で、「ちゃんとお見本を示してもらっていないことが、うまくできない」とき、厳しく叱られたら、やる気を失ってしまいませんか。

FAQ 5

Q

残業が多くて、子育てにかかわれない

子どもが生まれる前は積極的に育児をしたいと思っていましたが、残業が多くて、ほとんどかかわれません。理想と現実のギャップに悩みますが、やむをえないとあきらめてしまいそうです。どうしたら、ワーク・ライフ・バランスをとれるのでしょうか？

A　環境のせいと考えず、主体的にできることを実践してみよう

だれにも等しく与えられている1日24時間。仕事と家庭、一方を重視したら他方を犠牲にする「トレードオフの関係」としてとらえず、片方を充実させれば、もう片方も充実するような「相互に補い合う関係」と、とらえてみましょう。

私生活が充実すれば、気持ちよく職場に行けます。職場でも、充実した仕事ができていれば気持ちよく家庭に帰れるし、そもそも幸せな家庭が待っているのですから、「仕事を効率的に進めて、早く帰ろう！」とエンジンがかかるはず。

物理的な仕事量を減らすためには、「時間がかかるのに、むだな仕事」を見つけてください。たとえば、準備時間がかかるわりに、成果に結びつかない会議。だれがなにに活用しているか不明なレポート作成。満足度向上につながっていない顧客向けの過剰サービス、などです。逆に、チームのコミュニケーションを改善するための時間をつくると、トラブル・手戻り・単純ミスなどの、後ろ向きの業務の時間が激減するはずです。

働き方改革が叫ばれる今がチャンス。パパ仲間に加え、ワーキング・マザーや親の介護を抱える人などの同志とともに、残業を減らす工夫をして、家に帰りましょう！

第2章

パパのお悩み相談

子どものしつけや夫婦関係に悩む8人のパパを、
リアルにカウンセリングしました。
アドラー心理学にもとづくアドバイスは、
子育てだけでなく、仕事での人間関係にも応用できます。

相談

1

子どもが言うことを聞かないと、つい感情的に怒ってしまう

須藤賢太郎さん

5歳男子、1歳男子のパパ

自分は日常生活では感情のコントロールができているほうだと思いますが、子どもに対して、とくに長男に対しては、言うことを聞かないと、つい感情的になってしまいます。落ち着いた状態で子どもに対処できるようになるには、どうしたらいいでしょうか？

いつまでたっても駅にたどり着けない（怒）

熊野　長男の新太くんに、いつもどんなときにイラッとしてしまいますか？

パパ　たとえば、保育園や習い事の送り迎えをするときですね。自宅から駅までものの10分なんですが、これがまあ、いつまでたってもたどり着けない。落ち葉だ、虫だ、などとその場でしゃがみ込んでジーッと観察してしまう。あと、空き缶やごみが捨てられていると、そこで立ち止まる。どうも彼の倫理観的に許せないみたいです（苦笑）。

熊野　ハハハ、とってもいい子なんですね。

パパ　こっちも保育園の時間に間に合わない

パパ〜
落ち葉があるよ!!
向こうにもっとすごい
落ち葉があるみたいだぞ
A

し、仕事もあるしで焦ってきて、つい「先に行くぞ！」「あ・ら・たっ！」と声を荒らげてしまう。

熊野　ほかにも感情的になっちゃう場面はありますか？

パパ　下の子が、お兄ちゃんのおもちゃをとってしまうときがあるんですね。それをお兄ちゃんがむりやり引ったくろうとする場面があって、そこでも「毎回このパターンか！」「なんで、いつも力づくなんだよ！」という感じになっちゃう。

熊野　それを見たパパは、どんなことばや態度で入っていくんですか？

パパ　2種類ありますね。名前を強くよんでビクッとさせる。あとは、できるだけ冷静に諭すようにはしています。「貸してって言えば、貸してもらえるよ」みたいに。

熊野　エキサイトしてしまって、そんなふうに大きな声でメッセージを伝えたとき、新太くんにはいつもどんな反応がありますか？

パパ　一回動きが止まったあと、その場から立ち去ります。リビングから出ていって、玄関、トイレ、寝室とかに行く。そのあとはしばらく顔を合わせてくれない。

熊野　怒られたあと、泣いてわめいて、みたいなことはありますか？

パパ　ほとんどないですね。下の子が噛付《かみつ》いたときは泣くこともありますが、あとで近くにあるモノを投げたりしています。

熊野　ほうほう。お兄ちゃんは弟を攻撃するのではなく、ほかのモノに当たると。

パパ　人のいないところに移動してじだんだを踏んだり、ということもありますね。

その悩みは、あなたの性格がつくり出している!?

熊野　アドラー心理学では、悩みや困り事は、自分のもっている**ライフスタイル**→40ページ、一般的にいう性格がつくり出している、と考えます。

わかりやすい例でいえば、「マイペースなわたしは、そのペースを崩されるとイライラする」とか、「がんばり屋さんのわたしは、がんばっていない人を見ると『お前、なんでがんばっていないんだよ！』と思う」とか。

パパ　なるほどね。わかります。

熊野　だとすると、パパの新太くんへの反応は、自分のライフスタイルが関係しているのかも、という見立てができるかもしれません。

では自分を分析したときに、「わたしはこういう価値観やライフスタイルをもった人だ」というキーワードを挙げることができますか？

パパ　今のお話を聞いていて、新太との関係のなかで、「こうすべき」「こうあるべき」という考えが、自分のなかにたくさんあるなと感じました。自分の生活スタイル、仕事感としてももっていますね。

熊野　ふむふむ。

パパ　わたしは会社で新人のころ、本物のカリスマ、スーパーマンみたいな人から仕事のいろはをたたき込まれました。その方は「こうしていれば間違いない、こうすべきだ」という持論のある人でした。わたしも言われたことを咀嚼《そしゃく》した結果、「しっかり原則を守ってやり続けていれば結果は出る」と思っています。だから、同僚や後輩にそれを伝えているにもかかわらず、やらないで結果が出ないのを見ると、「なんでやらないいんだよ」と思ってしまうんです。

熊野　こうすればこうなるだろう、という鉄板の方程式をもっているんですね。

パパ　考えてみると、同僚や後輩に言っていることと新太に言っていることは、よく似ていますね。そんなこと、考えたことがなかった（笑）。

熊野　これまでのお話を分析すると、会社でも家庭でも、須藤さんの行動には似たようなところがある。ある一定の期待値があって、「わたしがこれだけ時間をかけて教え、伝えたことであれば、ここまで達成してしかるべきだ」という気持ちがある。そのため新太くんにも「なんで?」「言ったじゃん」という感情が出る。
　あとは距離感ですね。大人どうし、仕事上の関係での距離感に対して、わが分身、わが長男という非常に近い距離にいる新太くんには、期待と現実のギャップというのを、さらに強く感じるのかもしれない。

パパ　そうかもしれません。

熊野　きょうのお話の前に、簡単に須藤さんのライフスタイル診断をさせていただきましたが、がんばり屋さんで、「もっともっと」という優越思考（ドライバー気質 42ページ）と、自分の感情を抑えがちな部分（コントローラー気質 43ページ）が強いと出ています。

パパ　へえ、そうなんですね。がんばり屋や優越思考というのはよくわかります。それ自体がやりがいでもあるし、そのために生きている。

熊野　それで人生を切り開いてきたという、須藤さんの自負もあり、よさでもありますよね。**どのライフスタイルにもよしあしはないんですが、やりすぎちゃうと苦しみを生む。**がんばり屋も求めすぎると大変。人にまで押し付けちゃうとかね。

子どもへの期待が高すぎる？

熊野　さて、新太くんとの関係に戻りたいんですが、パパが新太くんに求めすぎてしまっているところはないですか？

パパ　ありますね、明らかに。「もう5歳だし」という期待もあるかな。間違いなく「まだ5歳だし」とは思えていないですね。

熊野　高い期待がありますよね。

パパ　そうですね。それに尽きるかもしれないです。下の子はまだ小さいし、しょうがないよねと思っているところがあるけれど、新太は周囲と比べてもわりとできる子なので、「いけるんじゃないか」みたいに考えてしまっているかも。

熊野　まさに親子の関係というのは、**「子どもに対する期待の調節」というのが、めちゃくちゃ大切**なんです。今の新太くんは長男として懸命にがんばって、その期待に応えようとしているように思えます。兄弟げんかで注意をされると、泣いたりわめいたりして訴えるよりも、人目を避けてじだんだを踏んだりモノに当たったりと、非常にがんばって自分を抑制しようとしている。パパによく似ているんじゃないでしょうか。

パパ　わたしにもヨメさんにも似ていますね。

熊野　須藤さんご夫婦はドライバー気質を適切に使っていけば、お子さんにとってよい「お見本」になると思います。しかし、いつのまにかそれが行き過ぎてしまうと、どこまでいっても認めてくれないと感じてしまう。**子どもは「僕がなにかできてもできなくても、ありのままの僕でOKと思ってくれる?」と、親を観察しています。**

パパ　そうか、期待をかけすぎることが裏目に出るんだ。

熊野　エリクソン（アメリカの発達心理学者）の「発達課題」というものがあります。生まれてすぐの子どもは、母親からの授乳を通して「この人、この世界は信頼できるか」ということを学びます。次に、「自分はありのままでいいのか」という段階へと移行します。5歳だとそのエビデンス（証拠）を集めている段階なので、「ありのままでいいよ」と伝えることが、親の大切な役割です。

その後、学校に行って世界が広がり、自分らしさを育みながら、10歳くらいでライフスタイルが確立するという段階を踏んで、成長していきます。

パパ　そんな段階があるなんて知りませんでした。学校で教えてくれればいいのに（笑）。

時間の余裕をつくれば、イライラは減らせる

熊野　**駅までの10分間で、ちょっとしたことに気づいて強い興味をもっている。じつは、それはすばらしい才能**で、今はジーッと観察しながら脳のシナプスがどんどん発達しているわけ。それを、時間がないという理由で「早くしろ」と言うのは、これからの彼にとってマイナスかもしれない。

パパ　そうですね。

熊野　新太くんらしさを生かしつつ、大人側がコントロールできる対策があります。急かすような時間軸でスケジューリングしないこと、です。**親のペースで10分でも、子どもは5倍くらいかかると見越して、1時間前に出発する**というような方法を採用したほうが、よっぽどお互いにとっていいと思います。

パパ　ヨメさん、すごいなあ。すでにやっていますよ。知っているんだ。

熊野　ママなら知っている可能性が高いですね。新太くんらしさを認めながら、なおかつ

急かすことなく叱ることなく、自分の「べき」も守れる。
子どもに感じるイライラの多くは、「時間」が問題。大人の「これくらいできるだろう」という前提が、子どもには通用しない。

パパ 大人だからこそ、子どもに合わせてあげられるんですね。

怒る前にインタビューしてみよう

熊野 さて、僕からの宿題です。
まずは「人に対する期待値を下げる。とくに新太くんに対して」。これは心の癖だから難しいですが、「ま、いっか」ということばを意識的に使って、自分自身も新太くんも許してみてください。
もうひとつは、先ほどの「自分の『べき』を崩されるのを、前もって見越した行動をとる」。

パパ わかりました。

熊野 そして最後に「共感ファースト↓17ページ」。暴力を注意するのはあとでする必要があるけれど、まずは「どうした？　教えてくれる？」とインタビューしてみる。怒ますが、いかがでしょうかね？」と。子どもには子どもの正義がかならずある。そこに共感したあとで、「今日も今日とて同じことをしている人でもなく、答えを教える人でもなく、「聴く人」になる。

新太くんはもう5歳ですから、暴力がいけないことは十分知っています。最初に気持ちをわかってあげれば、「ごめんね」と言えたり、もっといい方法があるかなと考えたりすることができます。そこで初めて、大人としての経験や知恵を伝えてあげてください。「暴力よりも、ことばで伝えたほうがいいと思うよ」と。

パパ　なるほど、すごいな。それなら伝わりそうですね。

熊野　できそうですか？　実践に向けてのハードルはありそう？

ヒーローインタビュー
今日はお片付けが上手にできた
新太選手です！
今どんな気持ちですか？
PAP

パパ　うーん、共感ファーストがいちばんハードルが高いかな。イライラして平常心じゃないときにこそ必要なので、いざというときにできるかなあ。

熊野　確かにそうですね。そこで、よい方法があります。「いざ」となる前、日ごろから共感ファーストの状態をキープしてください。そうすると、すごいことが起きますよ！　新太くんがつねにパパ、ママに共感してもらえていたら、親のイラッとするようなことを、むしろしなくなります。なぜなら、**「僕のこの思いをわかってくれる人がいる」と思えたら、暴力や感情を使って訴える必要がなくなるから。**「貸したくない」という気持ちを伝えてもいいし、「貸してあげる」という心の余裕も出てくる。

子育ては「そのままの君でいいんだよ」「見てるよ」という、ていねいな共感が大切で、それさえしていれば大丈夫。じつは非常にシンプルなんです。

アドバイス

1. 人に対する期待値を下げる
2. 自分の「べき」を崩されるのを、前もって見越した行動をとる
3. 共感ファースト

ライフスタイル（性格）の類型

自分の特性を建設的に使えば、幸せになれる

アドラー心理学では、一般に人格や性格とよばれるものを「ライフスタイル」といいます。その人らしい「思考の癖」や「行動のパターン」の総称である「ライフスタイル」は、まるで、その人の人生の基本設計図のようなものです。

アドラー心理学
ライフスタイルの3要素

1　自己概念＝自分自身の現状を、どうみなしているか。
「わたしは～である」

2　世界像＝周囲の人、人生の現状を、どうみているか。
「世界（人々、人生）は～である」

3　自己理想＝自分がどうありたいか。周囲の人からどう扱ってほしいか。
「わたしは～であるべきだ」

この本の中にも、さまざまなライフスタイルのパパが登場します。彼らの妻も子どもも、上司も部下も、だれもがその人なりのライフスタイルをもって、対人関係を築いています。アドラー心理学では、「多様なライフスタイルのそれぞれに優劣はない。それぞれのライフスタイル特性を建設的に使えば幸せになれるし、逆に、非建設的に使ってしまえば、幸せを感じられなくなる」と考えます。

妻や子どもと、より幸せな家庭を築いていくためにも、また、仕事でかかわる上司や部下、取引先などの利害関係者と、より良好な関係を築いていくためにも、自分や他者のライフスタイルを理解することは、とても有益です。それでは早速、ライフスタイルの基本6類型を確認していきましょう。

1 ゲッター［欲張りタイプ］　「他人のものは自分のもの」タイプの権利主張型

「他者は自分に奉仕して当然」という自己理想をもっている人です。親の過保護が常態化すると、自分が苦労しないように親があれこれと取り計らってくれることを、当然と思うようになるでしょう。逆に、モノを十分に与えられなかったことを、自分が愛されていないことの根拠としていると、反作用としてゲッター気質が強まるかもしれません。

2 ベイビー［赤ん坊タイプ］ 「他人の顔色をうかがい、好かれようとする」依存型

「他者からの保護がほしい」という自己理想をもっている、いわゆる、甘えん坊タイプです。ゲッターが積極的・攻撃的に自分への保護・奉仕を得ようとするのに対して、ベイビーは自分の弱さを上手に見せることで、相手の哀れみを誘って「保護してあげたい」と思わせるように仕向けます。努力したり、リスクをとったりするよりも、かわいらしさや弱さを見せたときのほうがうまくいった経験が多いと、ベイビー気質になりやすいでしょう。

3 ドライバー［人間機関車タイプ］ 「他人に任せることができない」猪突猛進型

「わたしは優越していなければならない」という自己理想をもっている人です。自他ともに認める「がんばり屋さん」や「努力家」は、このライフスタイルを有しています。「なにがあっても、競争には勝たなければならない」という競合的な家族の雰囲気のなかで、兄弟がいる場合には、兄弟間の競争に勝った子が、ドライバー気質をもって大人になる可能性が高いでしょう。

4 コントローラー［自己抑制タイプ］「感情をあまり表に出さない」失敗回避型

「わたしは失敗してはならない」という自己理想をもっている人です。前述のドライバーは、「勝たなければ」「成功しなければ」という自己理想に突き動かされ、能動的なアクションをとりがちです。これに対してコントローラーは、「失敗してはならない」「けなされたくない」という自己理想をベースに、むしろ「行動しない」という消極的な選択をすることがあります。しつけに厳しく、抑圧的で過干渉な親のもとで育つと、コントローラー気質が強まるでしょう。

5 エキサイトメント・シーカー［興奮探しタイプ］「好奇心旺盛で飽きっぽい」竜頭蛇尾型

「いつも興奮していたい」という自己理想をもっている人です。好奇心旺盛ですが飽きっぽいところもあります。なにげない日常、他者と同じようなふつうの生活、まともな人生は退屈だと思っています。放任的な家庭で育つと、子どもは親の注意・関心をひくために、わざと騒ぎを巻き起こすようになることがあります。大人になっても、こうしたスリルがないと満足できないなら、エキサイトメント・シーカー気質が強いといえるでしょう。

6 アームチェア［安楽タイプ］　「モットーはマイペース」の安楽椅子型

「わたしは楽をしていたい」という自己理想をもっている人です。トラブルやもめ事、めんどうなことを避けたいので、そのような事態が現実化しないような努力をしますが、それ以外はなるべく気楽に、マイペースに生きていたいと考えているタイプの人です。

競争が激しい兄弟関係のなかで、競争に負けることの多い子がこのライフスタイルを選ぶのは、ある意味、生存戦略として正しいかもしれません。

次に、基本6類型のいずれか2つを兼ね備える、複合型のスタイルをご紹介します。

ベイビーとドライバーの気質を兼ね備える人は、**プリーザー**［喜ばせ屋］といわれます。他者からの保護と称賛を求め、「自分はいつも、他者に好かれる存在でありたい」という価値観を形成します。

ゲッターとドライバーの複合型は、**ゴー・ゲッター**［やり手］とよばれます。やり手で、「人からの関心や注目をあびていたい」という自己理想が強い人です。お金、権力などに貪欲なので、社会的な成功者に多いといわれます。「ゼロか百か」で行動しがちなので、大失敗することもあります。

ドライバーとコントローラーの特性を兼ね備えた人は、**パーフェクショニスト**［完璧主義者］です。自分にも厳しく、他者にも厳しい人です。妥協ができない人ですから、成功することも多いですが、自分自身のライフスタイルに苦しむこともありそうです。

ご自分や近しい人に当てはまるライフスタイルはありましたか。「このライフスタイルは、まさにあの人そのまんま！」と思えるようなケースもあるでしょう。

人を「○○タイプだ」とレッテル張りすることが目的ではありません。自分とは異なる価値観にもとづくライフスタイルの他者を理解し、その違いを受け入れるための出発点として使ってください。妻や子どもとの関係改善はもとより、社内・社外のさまざまな人たちとの仕事上のコミュニケーションにも活用できると思いませんか。

試してみたら、こうなった――❶

家を早く出る――これをしただけなんですが、時間にも心にも、明らかに余裕ができました。寄り道にも付き合えるし、寄り道しない日は、会社に早く着いてよかったな、と。子どもも急かされることがないので、気持ちよく保育園に入れます。

パパ

子どもへの期待値をいい意味で下げてみたところ、子どもたちが成長している姿にたくさん気づくようになりました。その結果、問題が起きることも減ってきている。自分がせかせかしていたことで、こんな大切なことを見落としていました。子どもは勝手に育つ、ということですね。

仕事でも期待値を下げることで、関係が良好になってきています。

共感ファーストはまだ苦手ですかねー。

熊野

「共感」は、あたかも自分から魂が幽体離脱して、相手に憑依するような感じ。ただただ、相手の目で見て、相手の耳で聴いて、相手の心で感じるような態度、かかわり方です。毎日の繰り返しで、そのうち自然とできるようになりますよー。

Column

イラストレーター・エイイチの
#子育てあるある

体の構造上できません

相談
2

子どもについつい
モノを買い与えてしまう

吉崎慎二さん

小4女子、6歳女子のパパ

子どもがかわいくて、ついモノを買ってあげちゃうのですが、甘やかしすぎなのか、もっと厳しく接するべきなのか、教育方針に悩んでいます。基本は、自由に好きなことをさせてあげられればいいと思っているのですが、どうするべきでしょうか?

昔、兄のお下がりばかりだった反動かも？

熊野　ついつい買い与えてしまうということですが、上の子、下の子、とくにどちらか、というのはありますか？

パパ　2人ともに、ですね。お姉ちゃん用に洋服やら筆箱やらを買ってあげるんですが、次女ももう6歳なので気づいてしまうようになって、同じモノを与えている感じです。まあ、かわいい年ごろでもありますし。

熊野　甘やかしちゃってるのかな（笑）。ついつい親心で、喜ぶ顔が見たくなる。これ自体は、親の愛情として悪いことではないんだけれど、モノを買い与えられたこ

との「おまけ」として、よけいなことを学んじゃうこともあるかな。その辺について、なにか思うことはありますか？

パパ　仕事が忙しくて娘に会える時間が少ないので、それをモノでごまかそう、という下心はないんですけれど、「言えば買ってくれる」と思うようになると、モノを大切にしない子に育っちゃうかも、という心配はあります。

ただ、うちは妻のお母さんが、そういう点について娘たちにしっかり教えてくださっているんです。だから、バランスがとれている。

熊野　それは安心ですね。

パパ　そもそも、僕には4つ年上の兄貴がいて、靴もズボンもリコーダーも習字道具も、全部兄貴のお下がりだったんです。新品がうらやましくてね。なので、その反動なんじゃないかと思っているんですよ。

熊野　なるほど、ありそうですね。もっと詳しいエピソードを聞かせていただけますか？

パパ　ある日曜日に、「洋服を買いにデパートに行くよ」と母に言われて喜んでいたら、兄貴がニヤニヤと笑って、「おれのズボンがもうボロになったから、買いにいくんだぞ。お前のじゃないぞ」と言うんです。家族4人でデパートに行ったら、兄貴は母と洋服売り場へ、僕はおやじと屋上へ行ってなにかを食べて、もう服のことは忘れて帰って……。

熊野　ふむふむ。

パパ　月曜日の朝に起きてみると、僕のまくら元に、兄貴のボロズボンがきれいに畳まれて置いてあったんです。「えー、もうこれがはけなくなったから、買いにいったんだろ！」って。

熊野　そりゃひどい！

パパ　兄貴は小6、僕は小2だったので、サイズも合わないんです。でも母は「ベルトを締めて、はけ」って。強烈なトラウマですよ（苦笑）。

よみがえるお下がりの思い出
今朝、母さんにベルトを締めてはけと言われました…

人は、自分で生き方を決めている

熊野 僕らはみんな、今お聞きしたような、過去のエピソードをたくさんもっています。それをばねとしてうまく使い、がんばってこられた人や、逆にそれがきっかけで、ずっとへこんで人生を歩んでしまう人など、さまざまです。

吉崎さんのその強烈な思い出は、今振り返ると、結局、自分にとってプラス、マイナス、どちらになっていると思いますか？

パパ プラスですね。欲しいモノは自分で買う、そのためにはがんばって働く、と。

熊野 兄弟間で親からの扱いに差がありますが、お兄さんへの嫉妬や、もっと親の注目や愛情が欲しかった、ということはありますか？

パパ いいえ、それがとくにはないんです。というのも、母が兄貴に対して、すごく厳しい教育ママだったんです。まだ幼い兄貴がバイオリンの練習でビシビシたたかれていたり、母の方針で、偏差値の高い進学校への進学を決められたり。

熊野 まあ、親というものは、兄弟がいると、1人目に手をかけすぎる傾向がありますね。親自身もまだ素人だから、やりすぎちゃう。

パパ　大人になって思うのは、男子の兄弟だと、1番目と2番目に対する期待値が、全然違うのだなと。そういう時代でもありましたね。
　弟の僕は、ピアノもスパルタではなく習わせてもらったし、進学も自分の身の丈に合った学校を選んで反対もされなかったし、「楽でいいや」と思っていました。

熊野　今現在は、お兄さんとの関係はどうですか？

パパ　とてもいいですよ。兄貴は、その教育のおかげで、結果としてビジネスマンとして大きく成功していますし、僕は僕で、営業責任者として、それなりの仕事をさせていただいてます。今は、仕事の労をねぎらい合う、いい関係です。

熊野　吉崎さんは、過去のトラウマ的体験を、最後はプラスに転じられている。親御さんやお兄さんとの関係もハッピーになっていて、すばらしいです。ズボンのことで兄弟関係がこじれていたら、「この話、今日一日で終わらないな」と内心思っていました（笑）。

パパ　そういう生き方をしていた可能性もありますね。

熊野　人生はとらえ方しだいで、自分で生き方を決められるんです。アドラー心理学では、これを**自己決定性**→60ページといいます。

パパ　ただ一方では、兄貴の厳しくされてよかった面を見ているだけに、自分の子どもには、買い与えて甘やかしてしまっていいのかとか、どこまで厳しくして導いてあげたらいいのかとか、確固たる自信がないんです。

大事なのは「子どもが、自分でなにを決めたか」

熊野　ところで、お仕事のほうはいかがですか。ライフスタイル（性格）診断だと、ドライバー↓42ページ傾向が強い。仕事も、どこまでもがんばっちゃうとか、逆に、部下に「なんでがんばらないんだ」とイライラしちゃうとか、ありますか？

パパ　いやあ、それはもう、すごくあります（苦笑）。
　うちは自動車ディーラーで、独自の厳しい営業の世界があるんですが、最近の若い者には、「なんで、お前はこの世界に入ってきたんだ!?」と感じて、叱ってしまうことも多いです。

熊野　僕も似た性格で、「人はがんばって当たり前」と思っちゃう。それが僕たちの正義。でも不思議なことに、そうじゃない人もいるんですよね。

パパ　そうなんですよ。

熊野　アドラー心理学では、**自分がどんなに正しいと思っていても、その正しさを人に押し付けたらあまりいいことはない**、ということを学んでいくんです。その人にはその人なりの考え方やライフスタイルがあるから、その人に合ったやり方で、パフォーマンスを上げてもらうことを考える。

パパ　なるほど。

熊野　吉崎さんは、過去の体験から、「がんばって自分のモノを手に入れる、勝ち取る。それが当たり前」というライフスタイルをもった。

そして今、お姉ちゃんの9歳という年齢は、そろそろ自分のライフスタイルを固定化していくころです。ここでの親の影響って大きいんですよね。ご自身も、親のかかわりが人格形成にすごく影響を与えたでしょう？

パパ　そうですね。

熊野　どうせなら、お子さんにいい影響を与えたいですよね。では自分を通して、お子さんにどんな影響を与え、どんな思いを伝えたいですか？

パパ　「お前のやりたいようにやればいい」という思いが、いちばん強いかな。

熊野　それ、自分が親に言ってもらえたら、いちばんうれしいと思っていたことばです。

親の希望って、どんなによかれと思っても、結局は押し付け。人間は自分らしさを発揮して成功するのが、いちばんハッピーなんですよね。

パパ そうでしょうね。

熊野 だから、ぜひお子さんには「あなたらしく、自分がやりたいことにトライしてみたらいいよ。パパは応援するし、いつも味方だから」というスタンスでいてほしいです。それが、お子さんにとっていちばんうれしいし、勇気が出ることだと思います。

パパ 思っているほど行動には移せていないんですが（笑）、そうしてみます。

熊野 教育方針を、お兄さんのときのような「導き型」にするべきか、今、言ったような「寄り添い見守り応援型」にするべきか、じつは、そこに正解はない。グラデーションのようにつながっているものです。

パパ はい。

熊野 ぶっちゃけて言えば、**「モノを買い与えるか、買い与えないか」ということも、どっちでもいい。「そこから自分でなにを学んで、なにを決めたか」というのが大事。**最後は自己決定性なんです。「人になにかをされたから」とか、「言われたからやった」という思いがあると、自分の意志で人生を歩めなくなる。

パパ そうですね、うん。

子どもにも部下にも「あなたの存在は大切」と伝えよう

熊野　この、子どもへのかかわり方を考えてみて、部下育成のなかで、なにかできることはありますか？

パパ　そこはなあ。子育ても部下育成も一緒だ、ということは、理屈ではわかるんですよ。でも、納期とか、数字がリアルにからんでくるので……。なかなか頭の中が整理できない感じです。

熊野　とくに仕事の場合は、短期的に結果を求められるので、子育てとは違うところがある。でも、やっぱり「その人がその人らしく結果を出す」というのは一緒です。

僕はよく**「存在と行為を分ける」**ということを伝えています。子どもの成績が悪いこと、片付けをしないこと——イライラすることはいっぱいある。ただ、**その子の存在自体はかえがえのないもの**です。「あなたが勉強しないことは気になるし、直してほしい。でもパパにとって、あなたの『人』としての存在は大切だし、認めています」と伝えられたときに、初めて子どもは「じゃあ、勉強やってみようかな」と思えるかもしれない。これは部下も一緒です。

パパ　なるほど、存在に、ですか。

熊野　営業成績のよしあしではなく、まずは、一緒に仕事をしてくれていることに感謝。そんなことを伝えてみては？

パパ　そうですね、それは必要だと思います。でも、やれていなかったです。

熊野　「営業成績は芳しくなかったけれど、いつか君の思いがお客様に伝わって、数字につながる日がくる」と、**信頼して見守ってあげれば、人はやる気が出る。その思いさえあれば、時に叱ってもいい**と思います。

パパ　確かにそうだと思います。人としての深いところ、心構えやあり方の問題ですね。

熊野　信頼していないと、相手にかかわる手法は限られてきて、最終的にたどり着くのは「ごほうび」と「脅し」なんです。アメとムチですね。この手法は、短期的には結

その存在に感謝。
そして、感謝をことばで伝える。
元気なことに
働いてくれる
ことに

果が出ますが、長期的にはむりがあります。高額な商品を売るのって、お客様との信頼関係が大切ですよね？

パパ　もちろん、そのとおり。信頼があってこそ、です。

熊野　それなんですよね。信頼なくしてモノを売ること、人を動かすことは、絶対にできない。**子育ても部下育成も、いちばん大切なのは、信頼なんです。**

だから、お客様だけでなく、部下や子どもを今一歩、信頼してみると、すごく関係がよくなるかもしれない。部下の成績が上がれば、仕事も任せることができ、自分の忙しさも減っていく。その空いた時間を、家庭のためにあてることができ、お子さんにモノよりも、一緒にいる時間を与えてあげることができる。よい循環が生まれていくと思います。

明日からはぜひ、早くお家に帰って、お子さんと過ごしてみてください。

アドバイス

1 「子どもが自分でなにを学んで、なにを決めたか」というのが大事

2 信頼して見守ってあげれば、人はやる気が出る

自己決定性

人は、自ら運命を創造できる

わたしたちは、おおむね10歳ごろまでに、自身のライフスタイル（性格）を形成していくと考えられています。物心つくころから10歳ごろまでの子どもたちは、家庭や学校などの共同体の中で、自分のポジションを確立するため、試行錯誤を繰り返します。

たとえば、「おもちゃが欲しい」「親にほめてもらいたい」「失敗して嫌な思いをしたくない」など、そのときどきの自分の目的を達成するために、甘えてみたり、勤勉さをアピールしたり、引っ込み思案なふりをしたり、という行動を選択してみるのです。こうして、どのような振る舞いが有効なのか、自分なりの成功パターンを身につけていくというわけです。

こう考えると、親の価値観によって左右される家庭の雰囲気や、兄弟関係におけるポジションなどが、自分のライフスタイル形成に大きな影響力をもっていることが理解できるでしょう。相談2の吉崎さんの思い出からも、母親の長男、次男に対する教育方針の違いや、兄はいつも新品で、弟はお下がりばかりといった、モノの買い与えられ方の違いが、彼のライフスタイル形成に少なからず影響を与えていることが、うかがわれます。

一方、最終的にライフスタイルを決めているのは自分自身であって、他者や環境が最終決定するわけではありません。吉崎さんは、40代後半になった今でも「ズボンのエピソード」を鮮明に覚えています。このショッキングな体験をネガティブにとらえ、「どうせ、僕は親から愛されていない」「兄はずるい。僕はかわいそうだ」と、被害妄想的なライフスタイルに傾倒していく可能性もあったでしょう。しかし、現実の吉崎さんは、この思い出を「自分の人生を切り開くための、建設的な努力のばねにする」と、自分の意思で意味づけたのです。

アドラー心理学の基本理論 1

自己決定性

人間は、環境や過去の出来事の犠牲者ではなく、自ら運命を創造する力がある

子どもや部下が自己決定性を学ぶためには

吉崎さんは、子ども時代の経験の反動なのか、子どもたちについ、モノを買い与えすぎてしまっていると感じているようです。「このことが、子どもへの甘やかしにつながるのでは

ないか？」、あるいは、「祖母とうまくバランスをとっているから、いいのか？」。モノの買い与え方に対する確固たる教育方針がないことで、モヤモヤした気持ちを抱いていることが、カウンセリングから伝わってきました。

子どものことを思って、あえて厳しくしたほうがよいのか、それとも、子どものことを思うからこそ、できることはなんでもしてあげたほうがよいのか――親であればだれもが迷う、子育てにおける永遠のテーマともいえそうです。

おもしろいことに、この子育てにおけるモヤモヤは、職場での部下育成に関するモヤモヤと通じています。どちらも、「子どもを信頼して見守る」「部下を信頼して見守る」という**他者信頼**↓13ページの軸をもつことで、解決の糸口がみえてきます。

子育てにおいても、部下育成においても、相手を「無条件で信頼」できずに、「条件付きの信用」どまりでかかわっていると、親や上司という立場から、つい心配して、相手の行動や選択に、よけいな手出しや口出しをしたくなります。「子どもがモノを大切にしなくなるのでは？」という心配は、子どもを信じていないからこそ出てくる発想ということです。

この「過保護・過干渉」状態を、「親（上司）だから、しょうがない」と放置していると、やがて子どもや部下の勇気はくじかれ、自分で課題に対処することをあきらめ、親や上司に依存し始めます。つまり、彼らの自立の足を引っ張り、むしろ甘えを助長してしまうのです。

一方、自分自身の「親や上司としてのあり方」を信頼できていない場合は、子どもや部下の言いなりになってしまったり、彼らの行為を注意する必要があるときに気が引けてしまったりするような「放任的なかかわり」に傾いていくでしょう。

厳しい言い方をすれば、これは親や上司としての責任の放棄です。一見、子どもや部下を信じて任せているようで、じつのところ、彼らが自律的・自立的に成長していく機会を与えず、将来、親や上司になるであろう彼らに、「お見本」を示すことができていないということです。

親や上司として、子どもや部下との合意形成プロセスを大切にしながら、守ってほしいルールを設定しましょう。そしてルールのなかで、彼らが自分の意思でなにをするかを決める、ということを認め、「信頼して見守る」のです。手を出し、口を出すのは、彼らがサポートを求めてきてからです。

これが、彼らが人生の自己決定性を学び、自分の行動に責任感をもち、自立に向かって成長していくための、親や上司としてのベストなサポートの仕方です。

試してみたら、こうなった――❷

じつは、買い与えちゃうのは変わっていませんが(笑)、モノを大切に扱っているか、むだにしていないかなど、買ったあとのフォローをしっかり気にするようになりました。

パパ

子どもたちに、今はやりのスケボーみたいなものを買ってあげたんですが、ちゃんと練習することを促したら、僕の朝のジョギングのときに、一緒に走るようになりました！

仕事のほうは、なかなか難しいですね。正直なところ、部下はそこまで深くは考えてなくて、信頼が逆効果になって、甘えを助長してしまっている部分もあるな、と思っています。

日日、熊野さんのアドバイスをチラッと思い出しながらも、葛藤の毎日ですね。

熊野

そこは正直、大変なところ。僕も、こんなことをお伝えしている身ですが、いざ数字のことになると、イライラして部下に詰め寄っちゃうこともあります。

そうやってチラッと頭をよぎるようになったことが進歩。オジサンどうし、葛藤のなか、部下と自分を信頼できるよう、がんばりましょう！

Column

イラストレーター・エイイチの

#子育てあるある

想定外の衝撃

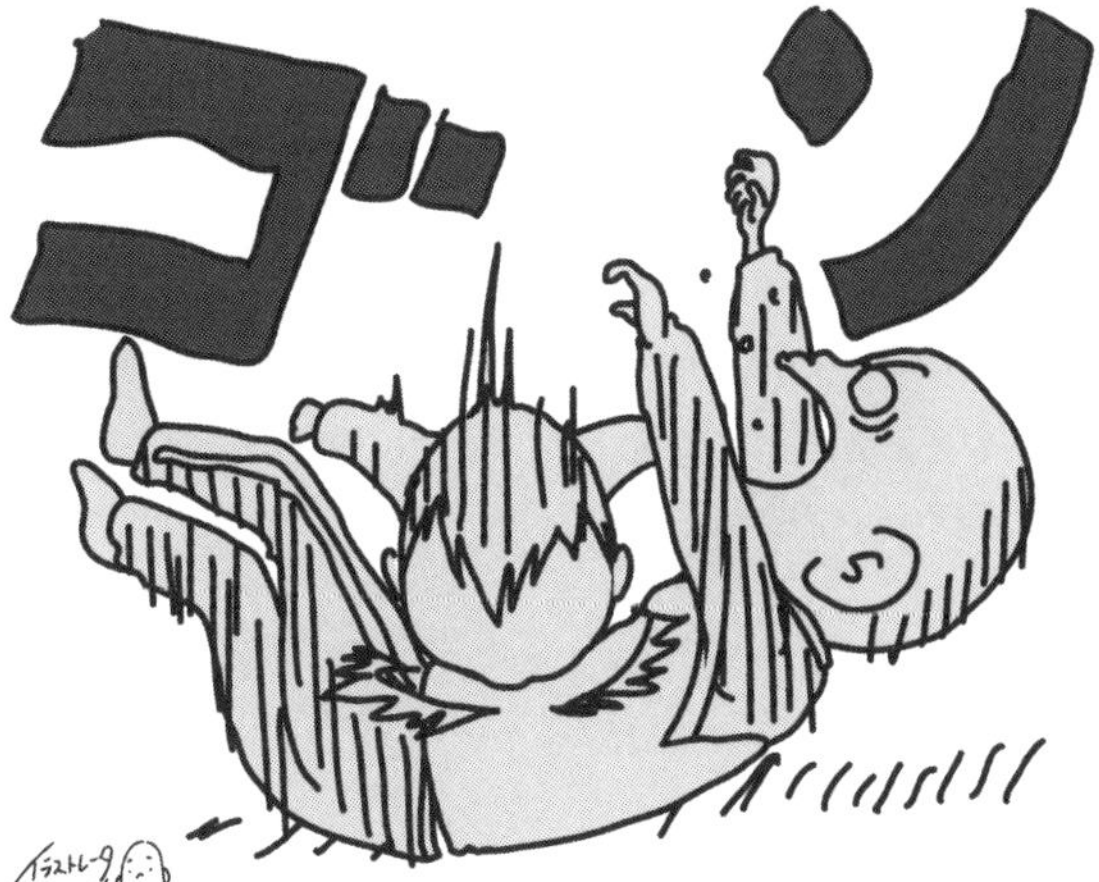

相談
3

子どもが幼く見えて、いじめられたりしないか、将来が心配になる

松宮 亮さん（仮名）
小3男子、3歳女子、1歳男子のパパ

小学3年生の長男が、同級生と比べて幼すぎるのではないかと感じています。将来を心配して、夫婦ともにいろいろと口出ししてしまいますが、自分たちのかけていることばは、ほんとうにわが子のためになっているのでしょうか？

幼すぎる息子をなんとかしてあげたい！

熊野　小3の翔太くん（仮名）は、パパから見るとどんな性格ですか？

パパ　ものすごく、素直な子なんです。優しい気持ちをもっていて、いい子だなとは思うんですけど、お友達と比べると、3年生にしては子どもっぽすぎるかなと思うところがあります。まだ幼稚園児のようなそぶりや雰囲気がありますし、サンタクロースも完全に信じていますね。

熊野　かわいらしいですねえ。ほかに、特徴的なところはありますか？

パパ　お祭りとか楽しいことが大好きで、あとは、ものすごく凝り性です。

熊野　なにに凝っているんですか？

パパ　以前は貝が好きで、その本ばかりを読む。今は、日本の名産品や地図に興味があります。

熊野　名産品！　おもしろい！

パパ　その前は動物でした。それが、興味の対象が急にガラッと変わるんですよ。妻は「ちょっと度が過ぎるので、（発達障害ではないか）調べたほうがいいかしら」みたいな話をするんですが、学校の授業にも悪い影響は出ていないし、人様に迷惑をかけているわけでもないので、大丈夫かなと僕は思っています。

熊野　むしろ、とてもよい彼の個性です。心配しなくていいと思いますよ。

パパ　ハマることに関しては、僕はわりとポジティブにとらえているんですけど、妻は、もうちょっとバランス感覚のある人になってもらいたいみたいで、たまに「また、そんなことばかりやって！」と怒っています。

熊野　そのころの男の子は、女の子と比べて収集癖が強い傾向がありますね。ミニカーを全部集めるとか、いわゆるオタク気質ですね。ママにはちょっと理解不能な部分があるかも。

パパ　僕は、自分で気づいたり、「なんでだろう」と考えたりする力を育んでほしくて、長男によく質問をするんです。「どうしてそう思ったの?」と、たくさん問いかけています。
　ただ、妻からは「尋問みたいだから、あまりしないで」と言われます。僕はよかれと思ってやっているんだけど。

熊野　翔太くんはどう受け答えしますか?

パパ　だいたい3、4回くらいまではまともに答えるんですが、それ以上になると疲れて、受け流される。でも、そこから逃さずに続けます（笑）。

熊野　ハハハ、なるほど。

パパ　あと、妻がよく心配しているのは、子どもっぽすぎるところが、やがていじめの対象になるんじゃないかという点です。
　たとえば、本人は気にしていないみたいなんですが、端から見ると、からかわ

れているように見えたり、同じ学年の友達なのに先輩と後輩みたいな関係性になっていたりするらしいんです。今はまだ3年生だからいいけど、高学年になると悪いほうに発展するんじゃないかって。

熊野 その気持ち、ママから翔太くんに伝えていますか?

パパ 「そんなふうだと、いじめられちゃうよ!」という感じで言っています。たぶん本人には、まだわからないんじゃないかな。

その心配は子どもの課題?
それとも親の課題?

熊野 子どもがいじめられたらどうしよう、という不安や心配は、ママとして当然のお気持ちかなと思います。

だけどここで問いたいのは、「そんなあなたらしさが、いじめの対象になるかもしれないよ」ということを、結局は言っているんだけど、その言い方やメッセージが、**ほんとうに彼の自立にとってプラスになっているかどうか。**これは要検討だと思いますね。

パパ そうですよね。最近、自分のなかで気がついたのは、子どもたちへの期待の優先順位が、妻とはちょっと違うのではないかということです。

熊野　ふむふむ。

パパ　僕は「思いやりをもってほしい」というのがいちばんだけれど、妻は「男の子はたくましくなってほしい」と考えているっぽい。そういうことを、妻とゆっくり話したほうがいいんじゃないかな、と思っていたところです。

熊野　話しましょう（笑）。

パパ　ハッハッハッ、そのとおりですね。やります。

熊野　僕たちが親として、この子たちにどんなかかわり方ができるか。お互い思っている心配とか不安とかについても、話し合うといいと思います。

パパ　そうですね、必要ですね。

熊野　そこでママとディスカッションしてほしいのは、子どもに対する心配という気持ちの、その表現の仕方ですよ。

親って心配するものだから、心配するなと言ってもむりだし、親の愛でもあるから、それはそれでいい。ただ、ママがどういうふうに心配しているのかを、しっかりと聴いてみてほしい。**「君の不安を僕も共有したいから、もっと聴かせて」**と伝

えてみる。

パパ　はい。

熊野　そのとき絶対に、「それは心配しすぎだよ」とか、「そうじゃないだろう」とか、**批判したり、ジャッジしたりせずに、とにかく聴くに徹してほしい。**話せば心配は減っていきますし、ダンナさんと共有できたら、こんなに心強いことはない。
　そのうえで、「とはいえ、その心配って、われわれ親の課題だよね」と理解を促してほしいんです。翔太くんの……、今の興味はなんだっけ?

パパ　日本の名産品（笑）。

熊野　そう、それ（笑）。何県にはどういう名産品があって、それを地図で調べて書き込んで、というのが好きでたまらない。ぱっと見、「そんなことに意味あるの?」と思ってしまうかもしれないけれど、彼はまさに今、楽しみながら成長していて、将来役に立つ学び方とか考え方とか、達成する喜びとか、いろいろなものを身につけているタイミング。だから「心配なのは僕らであって、その気持ちを押し付けない」

というこ とを考えてみるといいかもね、と伝えてほしい。これを、アドラー心理学では**「課題の分離」**78ページといいます。

パパ　なるほど、親の課題は「心配という感情を、子どもに押し付けずにどう扱うか」ということですね。

「導いてやる」のではなく、「信頼して見守る」

熊野　ところで、人は10歳くらいまでにライフスタイル（性格）を固めるといわれています。

パパ　へえ、10歳で。

熊野　そうなんです。今まさに翔太くんは「自分のライフスタイルはどれでいこうかな」「今の子どもっぽさや凝り性といった、自分らしさをもったままでもいいのかな」と考えている最後の時期。だから、すごい大事なんですよ。

パパ　なるほど。

熊野　親としてそんな意図はないのだけれど、結果として彼らしさを抑えてしまい、「自分らしく、ありのままの自分ではダメなんだ」と結論づけちゃうと、あとあと、いろいろと大変になるかもしれない。

熊野　僕たち大人ができるのは、その子がその子らしくあることを認めて、応援していくことです。「信頼して見守る」という姿勢が大切です。
この「信頼して見守る」というのは、じつは「心配する」ということの対極にあるんです。これが親のいちばん難しいところ。だけど、**親が親として子どもに与えられるのは、「心配」ではなく「信頼」なんですよ。これが親としてできたとき、子どもが自分を認め、輝いて伸びていくわけです。**

パパ　それは確かに、そうかもしれないですね。親にあれこれ口出されて心配されるより、自分のことを信じてくれているときに気持ちが上がって、勇気や安心感が出てくる気がします。

熊野　ママは、自分の心配がちょっと多めに出ちゃうのが、改善すべきポイントですね。

熊野　で、パパの改善ポイントはその質問癖ですよ！

パパ　はい、そうですね、ハハハ。

熊野　これも、よかれと思ってやっていて、子どもに物事の考え方を伝えたいから、「こういうときはどうなの？」「なぜそう思うの？」と聞いちゃう。ビジネスマンは会社で、ロジカルシンキングとか、フレームワークを学んじゃうから、よけいにやりたくなっちゃう。

でも、それが子どもにとっては、いちばんやってほしくないことなんです。**子どもはただただ、自分の気持ちを聴いてほしい。**だから子どもに興味をもって、質問の質を変えてほしいんですよ。

パパ　ああ、なるほど。そうか。

熊野　子どもがどう思っているかということを、ただ聴く。尋問やジャッジするのではなくね。「翔太はそう思ってるんだ。パパも、翔太が楽しそうでうれしいよ」と。

パパ　興味をもっているからではなくて、幼く見えるから鍛えてやろうとしていたんですよね。

熊野　そんなことは、あとからでどうにでもなるんですよ。

今から鍛えてやろう、導いてやろうみたいに、つまり、人を操作して思いどおりにしてやろうという下心が出ちゃうと、「なんか、パパは答えをもっていて、その答えに僕を合わせようとしてる。そんなの嫌だ。知るかよ」という感じになってくる。最初3、4回は受け答えしてくれてもね。

親としても上司としても、応援モードがいい

パパ　そういえば、マネージャーに上がるときに昇格試験があったんですけど、そこで上司と部下のシミュレーションをするんです。そのとき、試験官に同じことを言われました。「そう答えるしかない方向に、部下を追い込んでいますよ。強くその癖がありますす」と。

熊野　まさに、そこだと思います。翔太くんとのかかわり方を通して、そういう癖の微調整や見直しができていくと、おそらく、仕事でのコミュニケーションも同時に直っていくと思いますよ。だって、やることは一緒だから。

パパ　なるほどねえ。その試験を受けたのは10年前なのに、直ってないんだ。

熊野　染みついていますねえ（笑）。でも、みんなそうなりがちですよ。親も上司も、立場上、どうしても導かなければならないところもあるし、その責任もある。
　でも、ほんとうに子どもや部下が成長し、育っていくためには、**引っ張ったり導いたりするよりも、応援モードに切り替えて、自分なりにできるようになってもらったほうがいい。我慢と忍耐で、「信頼して見守る」。**結果、そのほうが早いし、お互いが幸せになれます。

パパ　しっかり心がけないと、ですね。

熊野　そうです。これはテクニックじゃないんです。親や上司としての心持ち、心構えの問題。「ココロのＯＳの入れ替え」ですよ。

アドバイス

1 「心配」という親の気持ちを子どもに押し付けない

2 引っ張ったり導いたりするよりも、応援モードに切り替えて、「信頼して見守る」

課題の分離

「子どもの課題」に、親が土足で踏み込まない

子どもの教育は、親の責任です。このことに議論の余地はないでしょう。では「教育」とは、具体的にどのようなかかわり方をいうのでしょうか。

「教育」に相当する英語は2種類あります。「teaching」と「education」です。「teaching」は「知っている人が、知らない人に新たな知識を教えること」で、「education」は「相手のもっている潜在的な力を引き出すこと」だといわれています。まったく異なるかかわり方ですね。親であるわたしたちは、この2種類の「教育」を、時と場合に応じて、柔軟に使い分けることが求められるのです。それこそが、親の責任です。

さて、この「親の責任」を「上司の責任」と読み替えても、違和感はないでしょう。それほど、子育てと部下育成には共通点がある、ということです。

仕事と子育てを両立しているみなさんは、アドラー式の対人関係コミュニケーションを実践することで、仕事と子育ての両方で、一石二鳥の改善効果を得られるのです。

「引き出すつもりで質問している」のに、どこかで「教えてやろう」「自分の答えに導こう」という下心が見え隠れすると、相手の勇気をくじき→11ページ、自分の考えを素直に表明しなくなったり、こちらの期待を忖度《そんたく》した答えを言ったりします。相談3の松宮さん親子のやりとりは、典型的な例といえます。このような、「teaching（教える）」と「education（引き出す）」の混同によって起こる問題を、みなさんも家庭や職場で経験したことがあるでしょう。

「親の課題」と「子どもの課題」を区別しよう

さて、「teaching（教える）」と「education（引き出す）」を区別できたとして、いつ、どのように使い分けたらよいのでしょうか。家庭でも職場でも、とても難しい問題ですが、それは、ここにもうひとつの混同が隠れているからです。

職場のケースで考えてみましょう。あなたの部下が、仕事で必要な資格の勉強、大事なプレゼンの準備、毎日のスケジュール管理やタイムマネジメント、顧客との関係構築、自分の体調管理などに手を焼いているとします。これらは本来、すべて「部下の課題」ですが、このままではまずい結果になりそうなとき、これを「上司の課題」と混同すると、よけいな手出し、口出しをしてしまうことになります。

そんなおせっかいを続けていると、成長の機会を奪われた部下は、甘え始めます。そして、仕事がうまく回らないことを、会社や上司のせいにするようになるかもしれません。なによりも、あなた自身がいつも部下の世話に明け暮れ、自分の仕事もままならず、長時間労働から逃れられない。「指示待ちの部下ばかりで困る」と嘆くことが多いとしたら、上司であるあなた自身が、「部下の課題」に土足で介入していることが原因かもしれません。

家庭における親子関係でも、同じようなことがありませんか。

アドラー心理学では、「その課題は、だれの課題か」を踏まえて、**「課題の分離」**をすることを勧めます。「他者の課題には、おせっかいを焼かない」「他者の課題は、まずは信じて見守る」「自分の課題には、他者の介入を認めない」「自分の課題を他者のせいにして、依存的な解決を求めない」「自分の課題は、自分が解決しようとする」といった振る舞いです。

学校の宿題、忘れ物、子どもの部屋の片付け、子どもの交友関係、朝寝坊、兄弟げんかなどは、すべて「子どもの課題」です。松宮夫婦は、親からは幼く見えるわが子が、「このままでは、いじめられるのでは?」と、その交友関係を心配しています。子どもを愛しているからといって、「あなたのためだから」と言いつつ、じつは自分の価値観を押し付け、あるいは、自分の心配を晴らす目的で、「子どもの課題」に土足で踏み込んで手出しし、口出ししていると、子どもの勇気はくじかれ、子どもは自立よりも依存を選ぶようになります。

子どもの課題に介入したくなる親には、共通点があります。子どもを「信頼」するよりも、「心配」するほうを優先してしまっているのです。ある意味、当然の親心といえるかもしれません。

では、この「心配する気持ち」は、だれの課題でしょうか。心配する対象は、確かに子どもですが、「心配している」のは、親ですから、これは、「親の課題」です。これを子どものせいにして、心配事の解決を子どもに迫るのは、正しい課題の対処法とはいえません。

どうしても「心配する気持ち」をなんとかしたいのならば、「親の課題」を**「共同の課題」**とするべく、子どもに依頼することはできます。「あなたが、どのような友達とどう付き合うかは、あなたの課題です。でも、親として心配もあります。その点について、話し合いをしませんか?」という提案です。「ほうっておいてくれ」と言われるかもしれませんね。そうしたら、信じて見守っていればいいのです。子どもを無条件で信頼する気持ちが伝わっていれば、ほんとうに困ったことがあったとき、子どもはかならず相談してくれます。

適切なタイミングで相談してもらえるような信頼関係を築きましょう。もし部下の「報連相」が少ない、遅い、と感じているなら、同じ対策が有効でしょう。

試してみたら、こうなった――❸

質問癖をやめて、見守るようにしたことで、長男が自分から話しかけてくるようになりました。なるほど、この形のほうが自然だなと感じていますし、なにより、息子が自由で楽しそうにしています。

パパ

妻と話してみたところ、「たくさんの友達とかかわってほしい」という共通の思いがありました。一見よいことのように思えるのですが、親の一方的な価値観の押し付けにならないよう、気をつけようと思います。

イライラしても、立ち止まって自分を観察できるようになったのが、すごく大きい。そうやって落ち着けば、ほとんどの悩みは消えていくんです。仕事での対人関係も大きく改善されて、驚いています。子育ても仕事も、みんなつながっているんですね。

仕事が人事系なので、この自分の気づきや学びを会社でも広げていきたいと思っています。

熊野

まずは自分から、そして「周りのために、なにができるだろうか」と広げていく――それこそが、まさにアドラー心理学の目ざすところ、「共同体感覚」です！

Column

イラストレーター・エイイチの

#子育てあるある

そこで拭かないで！

相談
4

年ごろの娘とスキンシップをとりたいが、嫌がられる

平田典史さん
高1女子、中2女子のパパ

わたしには、人と人が触れ合うことが大切だという価値観があり、高校１年生の娘に「フレンドシップ」と称したスキンシップを試み続けては嫌がられ、玉砕しています。どう接したらよいでしょうか？

スキンシップ問題に正解はない

熊野　娘さんとは、どんなスキンシップをとりたいのですか？

パパ　「がんばれよ」と肩をたたいたり、「よし！」と頭をなでたりと、そんなことで元気づけたり励ましたりするような、距離の近いかかわり合いをもちたいと思ってます。ツンツンと指でつついたり、なにかにつけて触れ合おうとするんですが……。

熊野　どうしても触りたいんですね(笑)。でも「触らないでよ」「キモイ！」とか言われてしまう。

パパ　そうそう。長女が小学校5、6年のころかな、「いつまでもそんなことしていたら、気持ち悪いわよ」ってカミさんが言い始めてから、

そんなこと
していたら
キモチ悪いわよ
ぐさっ

ですかね。娘も「そういうものかしら」と、だんだん距離をとり始めました。確かに、もういい年齢の娘に対して変なのかもしれませんし、カミさんからも「年ごろの娘には逆効果よ」と言われるんですよ。

熊野 高校1年生といえば、お父さんが嫌がられる時期ですしねえ。

熊野 どうして、そんなに触れたいと思うんですか？

パパ 肌の触れ合いによる人のぬくもりが大切だと思っていて、自分としては、子育てのなかでの優先順位が高いと思っているんです。

熊野 ふむふむ。子どもとのスキンシップが大切だと考えていることには、なにか、そう思う体験があったのでしょうか？

パパ 1つ目は、自分は母親とスキンシップをもてたことが非常によかった、2つ目は、その逆で、父親とのスキンシップを強く求めていた、という体験ですかね。3つ目は、今の世の中、ネットだスマホだという世界で、直接的な触れ合いや人の温かさを少しでも知っておいたほうが、人と上手につながっていくための信頼感が育まれるのではないか、という、わたしの期待です。

熊野 それには、僕も基本賛成です。やっぱり、直接的な肌の触れ合いがあるほうがよいだろうと感覚的に思いますし、科学的にも証明されているんですよ。

肌に触れることによって、オキシトシンという、安心感や高揚感を得られる「幸せホルモン」が出ます。赤ちゃんにマッサージをしてあげるのはとてもよいことで、親からもオキシトシンが出るんですね。スキンシップは、双方にすごく効果のある、大事なことなんです。

パパ　ちょっと自信が出てきました。もし、今理解されなくても、娘が親になったときに、「ああ、そういうことか」とわかってくれるとうれしいなと思っています。

熊野　その辺がポイントですね。スキンシップという、行為自体にはプラスの要素があって、その価値観はおそらく一般的にも悪くはない。一方、スキンシップというのは、最も親しいコミュニケーションなので、それを受け入れられる信頼関係があればこそ、生きてくる。さらに、親

はい!お願いします!!

子とはいえ性別の違いもあり、お年ごろなので、諸刃《もろは》の剣でもある。

この問題の落としどころに、正解はないですね。家庭によっても違うでしょうし。

パパ　今、娘が空手の型みたいなことをして、あり余るエネルギーを発散するときがあるのですが、そこに手を出すと痛いくらいビシビシたたいてくるんです。それでもいいから触れ合いたい（笑）。

熊野　もう涙ぐましい努力ですね（笑）。

親の正直な思いをことばで伝えよう

熊野　スキンシップの話から入りましたが、もっと俯瞰《ふかん》してみたときに、要は、父として娘さんがどんな人になってくれたらうれしいですか？

パパ　アドラー心理学を少し学んで、これまでは自分の価値観を娘に押し付けてしまったなあと思う部分がたくさんありました。たとえば、人に迷惑をかけないとか、手に職をつけなさいとか、転ばぬ先のつえを用意してあげていましたね。今は、娘のやりたいことや感じていることを、もっと知りたいと思っています。

熊野　なるほど。

パパ　わたしの希望としては、自分が選択したことに後悔がないよう進んでほしい。そう思ったときに、親としてできるだけ多くの選択肢を示してあげたいと思っています。親のエゴでもあるんですが……。

熊野　それはそれでいいと思いますよ。できる範囲で可能性を広げてあげて、自分で選んでもらう。親だからできることです。

　高校1年生という、自分の将来を考え始める時期で、親もそういうことを考えるベストタイミングだと思います。このあと、「あのとき、お父さんと話し合えたから、自分の責任で選んで、今、悔いなく生きているよ」と娘さんに言ってもらえたら、うれしいですよね？

パパ　そうですねー。自己満足かなとも思うんですが、そうなれたらいいですね。

熊野　自己満足を捨てるなんて、仙人じゃないんだから、いいんですよ。そこに気づいて、意識して調節していければいいと思います。

熊野　ついつい転ばぬ先のつえを出し、「教え導き」をやってしまいたくなる親心。これをやりすぎちゃうと、結局は自立の足を引っ張るし、反発もされる。望むスキンシップなんて、とてもとれなくなる。でも、**親として「子どもにうまくいってほし**

いという気持ち」にはOKを出す。スキンシップは結果として、あとからついてくるものであって、先にスキンシップをやっちゃうと、反発されちゃうかも。

パパ　そのとおりだと思います。

熊野　ほんとうは娘さんは、お父さんに触れてもらうことも嫌ではないのかもしれない。もちろん、女性として恥ずかしさはあると思うけど、小さいころにスキンシップをしていたのなら、うれしいはずです。ビシビシたたいてくるのも、照れ隠しなんじゃないですかね。

パパ　なんか元気が出てきました。

熊野　これから僕がお願いしたいのは、**「娘さんと、ちゃんとことばで話をしてほしい」**ということです。お父さんはこんなことを考えていて、スキンシップもこんな思いでしたいと思っている。そんな、正直なところを娘さんに伝えてみてほしい。

パパ　わかってくれるかなあ。

熊野　16歳の子なら、もう子ども扱いしなくても大丈夫。**父としての悩みや葛藤を、ぜひ見せてあげてください。**それを伝えると「お父さんは、やっぱりわたしのことを考えてくれているんだ。わたしの気持ちもわかってくれているんだ」って思いますよ。まず、これがあってからですよ、スキンシップは。

「男は黙って」で、ハッピーになれるか

パパ　おっしゃることもよくわかりますし、娘に話せばいいのは、理屈ではわかります。ただ、「見ればわかるじゃないか」「感じればわかるじゃないか」と思ってしまう自分がいるんですよね。「男は黙って」という感覚が強いのかな。

熊野　これまで、だれに対しても、自分の気持ちを素直に話す、ということをあまりしてこなくて、中途半端に言うなら、言わないほうがいいと思う部分もあります。

気持ちを表すことに抵抗があるんですね。過去を振り返ってみて、そういうことはすべきではないと感じたり、なにか言われたりした経験はありますか？

パパ　言えずに悔いが残ってしまったことがあります。

小学5年生のとき、女の子から手紙をもらったんです。それを机の中にしまっておいたのですが、クラスの男子2人が知らないうちに取り出して読んでしまい、「ラブレターだ！」ってはやし立てたんです。そうしたら、女の子たちから「どうして、そんな大切なものを人に見せたの？」と誤解されて、すごく責められた。そのとき、きちんと釈明できなくて、「自分はそんなことをする人間じゃないし、言わなくて

もわかってもらえる」と思って、結局、最後まで黙ってしまったんです。
　そういえば、それに近いことが中学でも高校でもあったなあ。それも全部、誤解されたまま黙ってきてしまっています。

熊野　なるほどねえ。同じようなことは、今も日常的にありますか？

パパ　よく誤解されることがあります。自分としては、不用意になにかを言うより、黙っていようという、事なかれ主義のところがある。その一方で、変な正義感もあるんですよね。あ、脱線してしまいましたけど。

熊野　いえ、全然脱線じゃないですよ。これはね、娘さんのことにも全部一本の道でつながっているんです。僕はもう寒気がするくらい、平田さんの人生ストーリーを感じていますよ。

パパ　……そういうものなんですか？

男は黙って
愛を伝えるもんよ
フッ…
なにも伝わらないの図

心の癖に気づけば、世界は変わる

熊野　これまで、人生でずっと「黙る」という選択をしてきて、それによりハッピーな結末に至っていないのに、なぜかそれを選び続ける。
　小学校のラブレター事件から始まり、あらぬ誤解から、悪気はないのに周りから責められるという、お決まりのストーリーが、なぜか繰り返される。「僕は悪くない」と言えずに黙ってしまうことで、モヤッとした思いを、胸に集め続けている。

パパ　そうなんですよね。

熊野　人は、人生にパターンを見いだすと、似たようなストーリーを集め始めるんです。それ以外のパターンもいっぱいあるはずなのに、「やっぱり、いつもこうなる」「また、これか」と現実を理解する。ネガティブな話なのに、同じパターンだと、やけに安心する。そうやって「自分とはこういう人間だ」という信念を強めていくんです。アドラー心理学では、これを**認知論**↓96ページといいます。

パパ　ほほう。

熊野　しかもですね、全部、平田さんは悪くもないわけ。ラブレターの話も、コソコソと取り出して見た彼らのほうが倫理的には問題がある。それなのになぜか、平田少年は責められ、抗弁もできず、なんとなく悲しい気持ちだけが残った。

変な正義感があるというのは、まさにその裏返し。「いわれのない理不尽なことはもう勘弁してくれ。正しさはこちらにあるんだよ」といつも思っている。

パパ　よくわかります。

熊野　スキンシップにこだわる理由も、同じかもしれないです。言わなくていいから、スキンシップにこだわる。娘さんには、こちらの思っていることを自然とくみ取ってくれるんじゃないかと期待している。逆に、誤解されて悲しい思いをしそうで、ことばで伝えることを恐れているのかも。

パパ　じゃあ、スキンシップを隠れみのにしているんだ。それがよいことだと思っているだけ、よけいに。思い返せばこのパターン、枚挙にいとまがないなあ……。

熊野　それが平田さんの心の癖です。

パパ　いたたたた。

熊野　大事なのは、それが癖だと気づくこと。冷静に考えれば、そのパターンに固執する必要もないのですから。

つまり、**テーマは「ちゃんと言う、ちゃんと伝える」**。「父として君のことを、悩みながらもちゃんと見ているよ。いろいろと与えてあげたいと思っているよ。キモイかもしれないけど、もっとコミュニケーションしたいんだよ。お父さんは人生経験があるから、相談にのるよ。でも、君の人生を決めるのは君だからね。そういうことが最近、よくわかってきたんだ」と言ってみてはどうでしょうか。そうすれば娘さんの安心につながるし、男性に触れられるのが嫌ならば、それは娘さんが決めること。そこは**「課題の分離」**↓78ページです。

案ずるより産むがやすし、で思っていることを伝えてみてください。それが、ほんとうのコミュニケーションです。スキンシップはそのあと、自然とついてきますよ。ついてこないかもしれないけど（笑）。

パパ　ついてきてほしいなあ（笑）。

熊野　けなげで、いいパパだ（笑）。

アドバイス

1 自分の思いを娘にちゃんと言う、ちゃんと伝える

2 スキンシップは結果として、あとからついてくるもの

認知論

人はだれも、自分の色めがねを通して物事を見ている

同じ事実を見ているはずなのに、その事実に対する意見が異なり、お互いにわかり合えない経験をしたことはありませんか。

- 部屋の散らかり具合に関して、夫婦で意見が異なるため、けんかになる
- 弟を泣かせた兄を叱ったが、兄は「先にずるをした弟が悪い」と主張する
- 対前年比7％成長に対し、わたしは「もっとできた」と思うが、部下は高評価を求める

アドラー心理学では、「事実を客観的に把握することは不可能だ」とします。

アドラー心理学の基本理論
2

認知論

人間は、自分流の主観的な意味づけをして、物事を把握する

「人は、自分独自の色めがねを通してしか、物事を見ることができない」ということを認識しましょう。「どうして、おれの言っていることが通じないんだろう!?」とイライラしてもしょうがないのです。あるいは、「どうせ、おれのことなんてわかってもらえない」と、低い自己評価を下す必要もありません。

かといって、「価値観が異なるのだから、お互いに理解し合えなくて当然」と開き直っていては、それこそ、建設的な社会生活は望めませんね。妻、子ども、部下、上司、顧客など、あなたの周囲にいる人たちは、あなたとは異なる価値観、ライフスタイル（性格）で、物事を見ているのです。

家庭であれ、職場であれ、あなたが価値観、ライフスタイルの異なる他者と対人関係を築こうとするとき、次の選択肢が目の前にあります。

- 他者と対立し、競争するのか？
- 他者と共存し、協調するのか？

この本の中で繰り返し**共感**→114ページについてお伝えしていますが、これが苦手だという人に、しばしば出会います。理由を聞いてみると、「共感すること」と「同意すること」を同一にとらえていて、そのうえで、「対立関係にある他者に競争で負けてはなるまい」という防衛本能を発揮しているようです。「相手の立場に立って共感なんてしたら、即、『相手の気持ち、主張に同意した』ととらえられ、競争に負けてしまう恐れがある。だから、初めから共感などしない」という信念です。

これでは、笑顔あふれる家庭や職場は期待できませんね。

「自分の気持ちを言わない人」が多い理由

ベイビー気質↓42ページとコントローラー気質↓43ページの強い平田さんとのカウンセリング（相談4）を振り返ると、2つの特徴をみることができます。

1つ目は、平田さんの身の上に、小学校のラブレター事件から始まって、その後も繰り返し、「自分は悪くないのに、なぜか無実の罪を着せられる」という事実が起きているという点です。これを認知論をベースに考えてみると、平田さんは自身の色めがねを通して、「そのように見える思い出を、そう思えるように脚色しつつ、自分の信念とライフスタイルを根拠づけるような事実として、認知している」ということになります。そこには、やや被害妄想的な**「認知の歪み」**がある、といえるかもしれません。

2つ目の特徴は、平田さんが「自分の思いを言うこと」を回避している点です。平田さんに限らず、かなり多くの人が、自分の正直な気持ちを言わないという選択をして、生活をしています。なぜでしょうか。

日本のようなハイコンテクスト社会（文脈によって伝達する傾向が高い社会）で対人関係を良好に保とうとするならば、ある程度は、「空気を読む」「忖度《そんたく》する」ことも必要でしょう。ただ、これが行き過ぎると問題で、自分の本意に反した言動をとり続けてしまいます。ありのままの自分にOKを出せない、つまり、**自己受容**↓13ページできないわけですから、非常にストレスフルです。勇気がくじかれた↓11ページ状態が永続化しているともいえるでしょう。

もうひとつの傾向として、幼少期からつねに他者と比較され、競争的環境で育ってきている点が挙げられます。つまり周囲の注目は、自己受容よりも行動の結果に注がれます。本音で他者とコミュニケーションした結果を勝ち負けのみで判断されるとしたら、負けるたびに勇気がくじかれ、耐えられなくなってしまいます。だから、「言わない」ことで、「勝ちはしないが、負けもしない」という状況を選択しているとも考えられるのです。

もういちど、考えてみましょう。あなたは、他者と対立し、競争することを選びますか。それとも共存し、協調することを選びますか。

後者を選ぶ勇気をもてば、異なる価値観を受け入れる共感もできるようになりますし、また、自分の意見を主張して、共感を得ることもできるのです。

試してみたら、こうなった――❹

現状、残念ながら一歩後退という感じです。あれからいつ言おうかと考えていた矢先、娘に進学のことで説教してしまい、タイミングを失ってしまいました。

パパ

ただ、熊野さんに思いを伝えることが大切と教わっていたので、「あなたのことを思って、強く言いすぎてしまった」という反省の手紙を娘に書きました。今は無視されていますが、表情は穏やかになった、とわたしには見えています。

「ちゃんと言う」というテーマに対して、まだまだ言えない自分がいます。なんで言えないんだろう？やっぱり怖さがありますね。言う準備だけは、つねにしておこうと思います。

スキンシップは、持ち物に触れたりチョコレートをあげたりと、間接的なアプローチを試しています（笑）

熊野

その涙ぐましい努力と愛、きっと気づいてくれますよ（笑）

Column

イラストレーター・エイイチの

#子育てあるある

起きたくないわけじゃないんです

相談
5

子どもが保育園で「発達障害のグレーゾーン」とされ、夫婦関係もギクシャクしている

宮本雅史さん
5歳男子、2歳男子のパパ

もうすぐ小学生になる長男が、保育園でいわゆる「発達障害のグレーゾーン」という扱いにされ、不信感があります。長男の将来に悪い影響が出ないか心配しているのですが、夫婦関係がギクシャクしていて、妻と相談できていません。どうすればいいでしょうか？

家や公園ではそんなに問題ないのに……

熊野　まずは、お子さんのようすについて、教えていただけますか？

パパ　保育園で、お友達に自分の感情をことばで伝えるのが苦手みたいで、手が出たり、物に当たったり、ということがあるようです。療育センター[*1]での知能検査はとくに問題なかったのですが、なにかあると、しょっちゅう僕の携帯に電話がかかってくる、という状況です。うちでは、保育園やセンターのことは僕が引き受けています。

熊野　家ではどうですか？

パパ　家でも、感情のコントロールができないこともあるのですが、ここ半年くらいは、3回に

*1　一般的に障がいのある子どもに対して、それぞれに合った治療・教育の支援を行う施設のこと

1回は我慢できるようになってきたなと感じています。ただ保育園からは「今日も荒れています」とか、「お友達とぶつかって」とか、そういう話ばかりされてしまうんです。

熊野 ふむふむ。

パパ 週末は、公園で自由にお友達と遊ばせていますけど、たたいたりとか、大きな声を張り上げたりとか、そういうことはないんですよね。

妻とともに「保育園が嫌なのかなあ」と、園の対応に不信感をもってしまっています。

熊野 療育センターでは、なんと言われていますか？

パパ 「そもそものエネルギーが強すぎる」と。「保育園とか小学校とか集団の中で、自分をコントロールするのは、まだ難しいかも」と言われています。保育園でのようすも見にいってくださって、それを踏まえて「小学校では通級学級[*2]から始めたらどうか」と言われています。「そうかも」と思う一方、「ほんとうに、それでいいのかな」と悩んでいます。

熊野 「それでいいのかな」と思うのは、なにか理由があるのでしょうか？

パパ 2つ懸念があります。ひとつは、授業の遅れが気になるということ、もうひとつは、

*2 小学校や中学校の通常学級に籍を置いて、比較的軽度な障がいのある児童に対し、その障がいに合った特別な指導を行うクラスのこと

発達障害というカテゴリーに入れられてしまうと、薬を飲まなきゃいけなくなるというようなうわさを聞いて、不安に思っています。

熊野　そうですね、お気持ちはわかります。そのモヤモヤした気持ちについて、ママや療育センターの先生と、お話をされていますか？

パパ　いえ、じつは妻とは全然話ができていないんです。

なぜか妻に家事のやり直しをされる

パパ　妻とじっくり話をしたいんですが、ここ1、2年、関係がギクシャクしていまして……。

熊野　夫婦の関係がギクシャクしているのは、お子さんのことと関連はありますか？

パパ　子どものこともありますけど、もともとは夫婦間の問題ですね。

　妻の家事・育児を手伝ってきたのですが、妻の希望を満たすようにやっても、ずっとダメ出しをされてきて、そのうえ、ひと言も謝罪をもらっていない。妻からは「あなたは、人のせいにばかりしている」と言われ続けています。

熊野　ママの希望というのは、具体的にどんなことですか？

パパ　朝に子どもを起こす、おむつ替え、洗濯、掃除、週末の家事、夜泣き対応などなど……。妻のルールに従って洗い物をしたのに、なぜか全部洗い直されたり、洗濯物もすべてたたみ直しされたりと、やればやるほど揚げ足を取られる感じです。「じゃあ、どこまでやったらいい？」と聞くと、「正解はない」みたいなことを言われて……。

熊野　おー、禅問答みたい。「おぬし、正解はないのだ（笑）」。

パパ　そうなんですよ（苦笑）。それがけっこう、つらくて。

保育園の先生の気持ちにも共感してみよう

熊野　では、ギクシャクした関係ではありながらも、これからママと、お子さんのことに

パパ　ついて相談するというアクションはとれそうですか？

できると思いますが、その伝え方をどうしようかと悩んでいます。妻も保育園に対して不信感をもっているので、園から聞いた情報をそのまま伝えると、露骨に嫌な顔をされてしまい、僕も話す気持ちが萎えてしまうんです。

熊野　なるほど。そのママの保育園への不信感や嫌な気持ちに、「そうだよね、わかるよ」みたいに、共感することはできていますか？

パパ　僕自身も保育園の対応に不満はあるんですが、一方で、担任の先生のご苦労もわかる。だから、あまり保育園を悪者にしてもしょうがないし、それではなにも前に進まないと思っています。そこと、妻とのバランスに苦労しています。

熊野　そこ、すごく大事なところかなあと思います。確かに、保育園からは子どものマイナス面ばかりを指摘され、家や公園ではそんなことはないと感じるだけに、不信感が芽生えるのも、よくわかる。しかし、**じつは家庭も保育園も、この子のために一生懸命やっている、ということでは同じ**なんですよね。

先生もいっぱいいっぱいで、「わたし、こんなに大変なんです！　あなたの子どものために、がんばっているんですよ！」という気持ちをわかってほしいのかも。そういう視点で接することができたら、敵対しなくてすむかもしれない。

パパ　そうですよね。じつは、保育園の中で複雑な人間関係があって、先生も疲れているんだろうなあとも思います。

熊野　僕も保育園を運営していますので、先生のプレッシャーもわかりますね。だとしたら、「先生も大変ですよね」と共感して、話を聴いてみる。「このお父さんは、わたしのことを理解してくれている」という関係を築くだけでも、物事はよい方向に進んでいくと思う。

　そうやって心がいったん落ち着けば、「この子、すごく優しいところもあるんですよ」と、プラス面にも目を向けられる余裕が出てくるかもしれませんよね。

パパ　そう思いますね。共感って大切なんだな。

子どもを「信頼」モードで見てほしい

熊野　どんなにエネルギーがあふれる子でも、一日中おかしなことなんて、なかなかできない。かならず、いいときもあれば、悪いときもある。それに、その子がこれからどうなるかなんて、だれにもわからないですよ。僕なんか、小学校で通信簿に「フラフラ病」と書かれ続けていたけど、こんなにりっぱに育っているでしょう（笑）。

パパ　僕も、似たようなことを書かれていました（笑）。

熊野　**子どものことを「心配（しんぱい）」モードで見るよりも、「信頼（しんらい）」モードで見てあげてほしい。**「この子は今は、やや激しいところがあるかもしれないけれど、きっと大丈夫。このあと、落ち着いていくかどうか、わからないところはあるけれど、この子はこの子らしく生きていけばいい。それを、たまたま僕が父親という役割を担ったのだから、応援していこう」、そう思うことができるといいですね。

パパ　ここ数週間はとくに携帯にガンガン連絡がきてしまい、心の余裕がなくなっていて、だれも信頼できていませんでした。自分自身さえも。

熊野　そのためにも、やっぱり、自分のモヤモヤをちゃんと打ち明けましょう。**弱さや腹の中を見せるということは、つまりは相手を信頼していますということ。**信頼していないから「自分を守らなくては」と、相手を敵と思って戦っちゃう。

素直にママや先生と向き合って、お互いの弱さを認め合いながら、「この子の最善の利益のために、手を取り合って応援していきたいんだよね」と伝えられたら、きっと、すごく力強いチームになれるんじゃないかなと思います。先生にもママにも子どもにも**共感し信頼すること**（→114ページ）が、**勇気づけ**（→11ページ）になります。そして**共感も信頼も、まずは自分から**です。

パパ　自分から、か……。

熊野　自分自身の不完全なところ、ダメダメな気持ちをママに言えた、療育センターや保育園の先生とも分かち合えた――**弱い自分を認めると、子どもの不完全さにも寛容になれます。**

パパ　確かに、そう思いますね。

熊野　あと、子どもが大人から見て不適切な行動をするときには、おそらく「ちゃんとこっちを見てほしい。ありのままの僕を受け入れてほしい」という目的があります。

パパ　そうかもしれない。親の注目がほしいんだ。

熊野　その行動自体には、確かに直してもらいたい部分があるのだけれど、その手前にある気持ちには、十分共感してあげてほしい。**お子さんが「僕は僕でいいんだ。パパはちゃんと見てくれている」ということを確認できて安心できたら、今、見えている素行不良的なことは、だいぶ減る**と思うんですよね。

　もし、ほんとうに器質的な問題があるのだとしたら、その場合は、しっかり医学的に対処する。薬も、なんとなく怖がっているだけで、話を聞いてみたらほんとうはよいものかもしれない。必要ないなら、「うちは飲ませません」と断ってもいい。

パパ　すべての選択権はこちらにある、と考えればいいのではないでしょうか。お話をお聞きしてきて、この1年、息子について対応してきたことは、結局これでよかったんだなあと感じています。保育園や療育センターの先生に弱いところを見せてきたシーンもそうですし、「意外としっかり考えて決めてきているじゃん」ということを思い出しました。

妻との不毛な戦いから降りる

熊野　ママとの関係について、お話ししておきたいのですが、これまでアドラー心理学も学んだなかで、自分はどんな人だと認識していますか？

パパ　自分のことを「わたしは、いつも正しい」と考えていて、仕事でも家庭でもぶつかるのは、これが根底にあるからだなと思います。周囲を注意深く観察する傾向があったり、全体的に完璧主義の傾向があったりもします。

熊野　今日のお話からも、他者に対して「こうあってほしい」という期待が高いところがありそうだなと感じました。

一方で、自分の期待が裏切られないよう、つねに他者を監視し、不審の目で見て

いる面があるかも。そして、「ほら、やっぱりだめじゃん」という証拠探しを、つねにしている。そこを注意しないと、先生も不審、妻も不審、子どもも不審、薬も不審と、なんでもそういうふうに見えてきちゃうかも。

パパ うわっ、なるほど！ それ、すごくあります。「ほら、だから前に言ったじゃん」って、いつも妻に言っています。

熊野 とすると、ママに洗い物や洗濯物のやり直しをされる、というのも、まさに合わせ鏡で、すごいきつい言い方をすれば、パパがそれを引き起こしている。

ママはつねに、「ほら、見たことか！」をやられるんじゃないかと、逆にパパを監視していて、すごく細かいことでも落ち度を見つけたら、「今だ！」とばかりに反撃する。そんな、**不毛な戦いを繰り広げている**のかもしれない。もちろん、ママのほうにも、なんらかの課題はあるだろうけど、その行動を誘発するようにブワーッとたきつけていると思うんです。しかも、めっちゃ上手に（笑）。

パパ　うっわー、ヤバイ。いやあ、そうだと思います。

熊野　ママの勇気を、そうとうくじいてきましたねえ（笑）。宿題は、「これまで監視や不審の目で見てきて、ほんとうに申し訳なかった。こんな男にお付き合いいただいて、ありがとうございました！」という、謝罪と感謝を素直に伝えてみること。

パパ　ヨメさんに悪いことをしていたなあ。すぐやります！

熊野　今から自分を変えていけばいいわけですからね。宮本家に幸あれ（笑）。

アドバイス

1　「大変ですよね」と共感して、保育園の先生の話を聴いてみる

2　子どものことを「心配」モードで見るよりも、「信頼」モードで見る

3　妻に謝罪と感謝を素直に伝えてみる

共感と信頼

パワフルな効果をもつ2つのキーワード

昨今、経営者や人事関係者など、組織開発・チームビルディングに携わる人たちの間では、「心理的安全性」というキーワードが注目されています。

これまでは、生産性を上げて成果を出すため、規則によりタテの階層を固定化することで秩序を保つ統制的なマネジメントが、組織を効率的に運営するために必要だと考えられてきました。確かに、それには有用性もあるのですが、副作用もあります。たとえば、「自分をよく見せよう」「評価を下げたくない」と思うあまり、失敗や弱点を隠してしまうような隠蔽体質が、いつのまにか組織風土に入り込んでしまうようなことです。あるいは、過度に競争的な環境が、チームのメンバー間で足を引っ張り合うような関係性を生み出し、メンバー間に「勇気くじき→11ページの連鎖」が発生するようなこともありえます。職場だけではなく、家庭でもこういう現象が発生しているかもしれませんね。

最新の研究では、組織の生産性向上のためには、「チーム内のだれもが、自分を取り繕う必要がなく、『ありのままの自分』で職場に来ることができ、弱点を見せ合っているので、お互いに助け合う関係性ができている」という、「心理的安全性」を確保することが有効だという統計データが出てきています。

アドラー心理学では、親と子、上司と部下、のように、立場上の「**タテの関係**」があったとしても、コミュニケーションをとるうえでは、対等な「**ヨコの関係**」であることが大切であるとしています。100年以上前に世に出たアドラーの思想に対し、最新の組織論がデータによるエビデンス（証拠）を提供したようにも思えます。

宮本さんのカウンセリング（相談5）では、宮本夫婦と保育園との関係のとらえ方で、おもしろい気づきがありました。保育中の子どもの言動について、マイナス面ばかりを強調されるようなコミュニケーションが続くと、保護者のなかに、園や先生に対する敵対的な気持ちや不信の気持ちが芽生えてきます。一方で、園も担任の先生も保護者もみんな、子どものために一生懸命にがんばっていること、そのなかでも、お互いに至らない点があるかもしれないことに注目し、「どちらが上でも下でもない、対等なチームとして共感し合うことができれば」と想像したところ、宮本さんは途端に前向きな気持ちになることができました。

相手を不審の気持ちで見れば、いくらでも怪しいところが目につくものです。心の底から信頼し合い、愛し合うカップルを目ざすのであれば、夫婦に「タテの関係」や競争的な関係を持ち込むことはお勧めできません。宮本さんがカウンセリングを通して気づいたように、こちらがあら捜しをすれば、かならず、相手も仕返しをしたくなるものです。これでは、夫婦に笑顔は生まれません。

笑顔あふれる夫婦を目ざすパパのための鉄則ともいえる、英語の格言を紹介します。

Happy wife, Happy life.（幸せな人生を求めるなら、まず妻を幸せにせよ）

子どもを信頼し、共感を示すということ

最近では、発達障害やＡＤＨＤ（注意欠陥多動性障害）など、子どもの発達に関する病名が知れ渡るようになり、わが子のことを心配している親御さんが多いかもしれません。この親心はもっともですが、宮本さんとのカウンセリングでお話ししたように「心配（しんぱい）」モードを減らして「信頼（しんらい）」モードを増やすことには、大きな意味があります。

子どもは親からの無条件の**信頼**を求めています。「ありのままのあなたを愛しているよ」というメッセージを確認したいのです。それにもかかわらず、親は子どもを愛するがあまり、子どもを心配しすぎ、時に過度に叱咤《しった》激励して、「なんとか、ふつうの子と同じように」と、

子どもが求めていることと逆のことをしてしまいがちです。

こうした勇気くじきが継続すると、自尊心の欠如などから、不安障害や不登校などの二次的な症状を引き起こしてしまうかもしれないのです。

子どもは、「親や先生が、自分のありのままを認めてくれていない」「自分の気持ちに興味・関心をもってくれず、**共感**を示してくれない」と感じると、わざと、不適切な行動を選択して、叱られてもいいから、注目を得ようとします。そうした不適切な行動にいちいち反応し、叱っていると、子どもは「作戦成功！」とばかりに、いつも不適切なことばかりして注目を集めるようになってしまいます。

子どもにしょっちゅう困らされ、そのたびに叱っているような人は、その叱ること自体が、子どもの不適切な行動を助長している可能性を考えてください。そして、子どもの「ありのままの自分を受け入れてほしい」「ただただ、自分の気持ちに耳を傾けて、共感してほしい」という要求に、十分に応えるようにしてみてください。驚くほど、子どもは穏やかになり、あなた自身も子どもを叱る頻度が低くなって、家族に笑顔があふれるようになるでしょう。

子どもを信頼し、共感を示すことは、それほどパワフルな効果をもっています。アドラーの理論を信頼して、トライしてみてください。

試してみたら、こうなった——❺

息子は手を出すことが減って、我慢もできるようになってきました、僕が息子の不適切な行動に注目しなくなったのもあると思いますが、それを差し引いても、すごく変わったと感じています。

パパ

春から小学生になって、自分から目覚まし時計で起きる練習もしています。自覚が芽生えてきたみたい。クラスも通常学級に通っていますよ！

妻との関係も、冷静に対処できるようになりました。「ああ、わかってほしいんだな」とか、僕自身の寂しさにも気づいて、「これは、お皿の洗い方の問題じゃないんだ」と、わかるようになりました。

その後、落ち着いてから妻と話をすると、少しでも会話ができたら「ああ、話せてよかった」と思える自分がいます。以前がマイナスだとすると、今はゼロまではもってこられたかなと思ってます。

熊野

すごい！ 禅問答に答えが出たじゃないですか(笑)

お子さんにもママにも、やっぱり信頼からですね。あとは焦らず、ゆっくりプラスに向かって、家族で歩んでいきましょう！

Column

イラストレーター・エイイチの
#子育てあるある

子どもは繰り返しが好き

相談
6

子どもの受験を控え、心配しているが、家族になかなか話ができない

廣瀬文武さん

高2男子、中2男子、小5男子、5歳女子のパパ

4人の子どものうち、3人が2019年に進学を迎えます。わが家では「2019年問題」とよんでいて、彼らの将来設計や財政面について心配しているのですが、妻や子どもたちとは話ができていません。父親として、どういうスタンスで向き合えばいいでしょうか?

進学は文武両道で考えてほしいけど……

熊野　「2019年問題」とは、大変そうですね（笑）。お子さんの進学面や財政面での不安について、詳しく聞かせていただけますか？

パパ　長男は学者肌であまり心配はしていないのですが、次男、三男は体を動かすことが大好きで、少年野球に夢中です。ヨメはそれにかかりっきり。

わたしとしては、野球は、今は楽しく取り組めばいいと思っていますが、それでメシが食えるかというと、狭き門だろうなと思う面もある。野球を楽しむ一方で、学歴や将来の仕事についてもしっかり考えて、地盤をつくっていってほしいなと考えています。

熊野　なるほど。そのお考えもわかります。

パパ　わたしの名前は「文武《ふみたけ》」で、祖父につけてもらったのですが、文武両道に強い思いがあります。逆に、名前に縛られ、プレッシャーを感じてきた面もありますが……。

ヨメは「今、楽しいのが大切」という性格なので、学校選びについて、わたしの意見もいちおうは聞きながらも、野球が強い学校にしようと操作してくる。わたしは、そこが納得できないんです。

熊野 3人が一気に進学したら、入学金だけでも大変ですよね？

パパ そう。入学金に準備金、毎月の授業料はもちろんですし、私立か、公立か、県外に住むかによって、（金額は）まったく違ってくる。その辺をすり合わせしたい。

熊野 貯金の額とか、教育ローンとかの話を全然していないんですか？

パパ ザックリとしかしていないんですよ。

熊野 ご夫婦でお話ができていないというのは、なにか理由がありますか？

パパ とくに大きな理由はないのですが、生活のずれもありますし、子どもを通じての会話ばかりになってしまっていますね。うちは、子どもたちの食事も団らんも学習の場も、すべてリビングなんです。子どもといる時間が長いのはいいのですが、寝る

までの間、ずっと家族一緒。それがボトルネックだったかなあ。

熊野　もっと、夫婦のプライベートな時間がほしいんですね。

パパ　本来であれば、非常に大切な問題なので、時間をかけて話してきたかったんです。ヨメはそれなりに考えているとは思うんですが、腹を割って話ができたかというと、残念ながらできていない。

熊野　いろいろな夫婦間のお悩みを聞くと、テーマがなんにせよ、2人でしっかり時間をとって話ができていない、というケースがいちばん多いですね。

パパ　うちは、夫婦で男女が逆転している感じです。ヨメは「大丈夫よ、なんとかなるわよ」って人。きっと男にしたら魅力のある人だと思います(笑)。自分は小さいことばかり考えている嫌な男だな、とジレンマを抱えています。

熊野　そういうことをきちんと考えるのは大切なことだし、不安になるのも当然なのですが、こんな細かいことを言ったら恥ずかしいとか、情けないとか、考えてしまうんですかね。

パパ　「男は稼いで妻に預け、家のことや細かいことはすべて任せる、そんな男でありたい」みたいな理想像がありますね。でも、これまでそうしてきたら、お金の把握が

熊野 全然できていなくて、だから不安なんです（苦笑）。

パパ 全部グローブやバットにつぎ込んでいたら、どうしますか？（笑）

そうなんです！　そういうことをちまちまと考えて、ヨメと小さな衝突を繰り返すことを、もうやめにしたい。

威厳がない父親の話は聞いてくれない？

熊野 ちなみに、お金に対するイメージはどんなものですか？

パパ わたしが中1のとき、父の会社が倒産しそうになって、当時は家も失うという最悪のシナリオもありえました。だから、シビアに考えています。

父はお金をすべて母に預け、母は家計簿をしっかりつけて管理する、そんな「ザ・昭和」といった家でした。今思えば、それが自分のなかに染み着いていますね。父への反骨心はあるのになあ。

熊野 お父様への反骨心というのは？

パパ わたしは、父が40歳のときの子どもで、小学校高学年のころには、もう50歳を超えていました。だから、父とすごく遊びたいのにキャッチボールもしてくれない。仕事一辺倒の猛烈サラリーマンで、友人の家がうらやましかった。そこから、「父親として、ああはなりたくない」と思うようになりました。

熊野　それを反面教師にして、今、ご自身は父親としてどうですか？

パパ　次男や三男は、やっぱり野球を通して監督やコーチを尊敬するんですよね。わたしも一時期、コーチをしていたのですが、むりして威厳を示してもしょうがないな、と思ってあきらめました。もちろん、サポートはしてあげたいと思っています。

熊野　いやあ、なるほど。いろいろと複雑な思いがありますね。

パパ　さらに兄弟が4人もいると、長男が父親の役割を果たしてしまって、ほほえましい反面、寂しさもありますね。自分がイメージしていたのは、「父ちゃん、父ちゃん」と言って、慕ってもらうこと。なかなか思い

どおりにいかないです。

熊野　その「慕ってほしい」という思いを、お子さんに伝える場面はありますか？

パパ　直接的に言っても、彼らには「今さら、なに言ってるの？」って、とらえられちゃうと思うんですよね。それでも次男とは、SNSを通して少し話すんですが、今どきの子はあっさりしていて、返信は「りょ！」ですよ（笑）。

熊野　「りょ！」かあ。あるなあ（笑）。

自分の父に対する反骨心と尊敬の念と

熊野　お父様を反面教師にしているとのことでしたが、これまでお話をうかがって、じつは、お父様のことをすごく慕っていて尊敬しているんだなあと、僕には聞こえていました。「いつも家にいなくて悲しかった」という気持ちはありながらも、「近くにいたかった」「もっとコミュニケーションをとりたかった」、そんな気持ちが伝わってきましたね。

パパ　今思うと、父に対して「ああはなりたくない」という思いはありながらも、あの生き方への尊敬の念はありますね。

熊野 そして今、4人の子どもの父親になって、自分が求めていた理想の父親になれていなくて、監督や長男くんのほうが尊敬されているんじゃないか、という皮肉な現実もある。だからといって、尊敬を強要するわけにもいかないし、この気持ちをどうすればいいか。それに、2019年問題も混じり合っている、そんなところがお悩みなのかなと思います。

パパ いやもう、ほんとうにそうです。

自分の気持ちを、恥ずかしがらずに伝えてみよう

熊野 これはひとつ、僕からの提案なのですが、「お父さんから、今の気持ちを恥ずかしがらずに、あきらめずに、素直に伝えてみてほしい」。

僕には確信があって、**お父さんの、子を思う気持ちは、お子さんたちにはかならず伝わっています。**ただ、お父さんがどうしてほしいのかということは直接伝えていないから、それには全然気づいていないかもしれない。

パパ そうかもしれないですね。

熊野 「自分は父親との関係がこうだったので、もっとかかわってあげたいと思っている。

でも、威厳がない父の話じゃ聞かないかな。監督やコーチのほうが上かな。勉強もがんばってほしいんだけど、口出すと嫌がられるかな。そんな、気持ちが揺れまくっている父だけれど、もっと仲良くしたいし、みんなのことをいつも応援しているよ」ということを伝えてみる。

パパ 「お父さんは、こんなに素直に自分の気持ちを話してくれるんだ」というだけでも、子どもとしてうれしいのではないでしょうか？

うれしいでしょうね。

家族への真剣な思いは、拒否されない！

熊野 ところで、お父様から「こんなことばをかけてもらえたら、うれしかったなあ」というのはありますか？

パパ 「思うまま、やれ」ですね。お金の問題があったので、公立にいくのが当たり前で、私立を選ぶなんてこれっぽっちも考えていなかった。少年野球もやっていましたが、お金がかかるし、高校までと決めていた。

親に言われたわけでもないのに、なにをするにも、かならず裏に、親の苦労とか

熊野　お金とかを察してしまう。もっと思うままに生きてみてもよかったかも。自分で忖度《そんたく》して、リミットを設定してしまったんですね。先ほど「文武」という名前に縛られているというお話もありました。そのライフスタイル（性格）が、自分のやりたいことや素直さを、どこかで閉じ込めてきたのかもしれません。

アドラーは「自分のライフスタイルは、死ぬ前日まで変えられる」と言っています。なんでも遅すぎるということはない。いつでも変えられるんです。

パパ　なるほど。

熊野　「ほんとうは、こうしたかった」「ほんとうは、こんなことを言いたかった」という後悔なく、「君たちには、思うままにやってほしい」「とはいえ、お父さんは勉強もお金のことも心配だ」と、素直に家族に伝えてみる。**子どもたちには「父ちゃん、父ちゃんと慕ってほしい」と伝えてみる。**

パパ　そうか。伝えていいんですね。

熊野　自分にリミットをかけてきた、そんな思いが逆説的に、子どもたちの名前にはすごく表れていますよね。「草太郎《そうたろう》」「晴《はる》」「開《かい》」「蕗《ふき》」。草木が、太陽の光を浴びて、花開く。蕗のとうが力強く雪から顔を出すという、彼らには自由に、のびのび生きてほしいという思いが強くこもっています。

名前というのは、ライフスタイルをつくる、とても大きな要素なんです。君たちの名前には、こんな思いが込められているんだよというメッセージを伝えてあげたら、「すてきな両親が、いつも見守ってくれているんだな」と思えますよね。

熊野　野球か勉強か、そこは自分で決めることなので、どうなるのかはわからないけど、その思いをお父さんが伝えてあげる。それだけでもいいんじゃないでしょうか？

　それを聞いたら、もしかしたらお母さんも「わたしの考え方も、ちょっと偏りすぎていたかも？」と気づくかもしれない。気づかないかもしれないけど（笑）。

パパ　ありがとうございます。ここまで深く話をしたことは、ありませんでした。話をする前は「このままでもいいかな」と、正直あきらめていました。

自分の気持ちを
恥ずかしがらずに
あきらめずに
伝えてみよう

熊野　**近しい人、家族に本音を伝えるのって、いちばん難しいですよ。**あきらめるというのは、「いざ、言ってみて、拒絶されたら怖い。だから言わないでおけば、怖さと向き合わなくていいし、『もしやっていれば、うまくいったかも』という可能性を残しておける」。これを「可能性に生きる」というんですけど、つまり、体のいい言い訳です（笑）。

これが人間の弱さ。でも、大丈夫。**お父さんが真剣に家族のことを考えていることを、拒否なんてされないですよ。**まずは、伝えてみましょう。

熊野　ところで、アドラー心理学では**「家族会議」**↓132ページというものを勧めています。これから定期的に実施して、家族ルールを決めたり本音を話し合ったりできると、さらによいと思いますよ。

アドバイス

1 **自分から、今の気持ちを恥ずかしがらずに、あきらめずに、素直に伝えてみる**

2 **「家族会議」を定期的に実施すると、さらによい**

家族会議／全体論

親子双方に甘えを許さない「民主的な家族」とは

――言いたいことがあります。「言うべきだし、言えばいいだけだ」とわかってもいます。でも、なぜか言えない自分がいます。

――自分の親に対して、複雑な感情をもっています。親の自分に対するかかわり方に反発し、反面教師としているつもりです。でも、気づくと親の嫌な部分が似てしまって、そっくりな口調で子どもにかかわっている自分に気づきます。

アドラー心理学には、「頭ではわかっているのに、感情が先走って……」とか、「言いたいけど、言えない」という物言いを認めない、ある意味、ドライで厳しい側面があります。

アドラー心理学の基本理論 3

全体論

理性と感情、意識と無意識、心と身体は矛盾せず、人間を「分割不可能な全体」として、とらえる感情は先走りません。じつのところ、わたしたちは巧みに感情をコントロールして、「今、この思いを相手に言わずして伝えるために、どのような感情、どのような表情を使えばいいか」を考え、喜怒哀楽を選択していると考えます。

言えない？「自分は言うつもりがあるのだけれど、環境が許さない」という他責の、言い訳に聞こえますね。ほんとうは、「言う勇気がなくて、言わないことを自分の意思で選択している」のではないですか？

相談6の廣瀬さんのケースをみてみましょう。お金のことで、妻と話したいことがあります。子どもとのかかわり方や進路について、父として伝えたいことがあります。そして「言いたいことがあるけれど、言えない」ことを、わたしに相談しています。彼のベイビー気質（赤ちゃんのように、ことばで伝えなくても、自分の気持ちをわかってほしい）と、コントローラー気質（「ことばで伝えることで、期待はずれの結果が返ってくるくらいなら、最初から言わないでおこう」という失敗回避性向）とが複合的に絡み合ったライフスタイル（性格）が、この悩みをつくり出しています。

ライフスタイルは、最終的には自分自身が決定しているものですが（自己決定性↓60ページ）、その形成過程では、家庭の雰囲気や価値観、兄弟関係など、外部環境の影響を多分に受けるものです。廣瀬さんの場合は、「ザ・昭和」と表現される家庭の雰囲気や、お金に関する価値観、父親の働き方や子ども（自分）との接し方に、よかれあしかれ影響を受けていることが、カウンセリングを通して、明確に伝わってきました。

「男は黙って」という男性の理想的なイメージは、少なくともわたしたち親世代の幼少期、昭和の時代には、確実に社会通念としてありました。わたしたちの父親の多くも、そのようなイメージの枠内にいたのではないでしょうか。確かに、ちょっとかっこいい感じもしますが、「言わずして、わたしの気持ちを察してくれ」というのは、ある意味、甘えた考えでもあります。また、ずいぶん高度な共感を要求するものだ（そのくせ、「自分は相手に共感などしない」というがんこさもある）ともいえるのではないでしょうか。

職場にもこういうタイプの上司が存在するでしょうし、いつのまにか、自分もそうなっているかもしれません。まねしたくないはずなのに、似てしまっているとしたら、そろそろ、意識的に自分を変えることを決意するべきかもしれませんね。

解決策を話し合う「家族会議」の勧め

アドラー心理学では、「民主的な家族関係を築くこと」を重視しています。厳しい家庭に育った人からは「なにを甘っちょろいことを」と反論されることもありますが、民主的なかかわり方というのは、親子双方に無用な甘えを許さず、責任感をともなった自立的な言動を求める、大人の家族関係をさしています。

「子どもは、親の言うことを聞きなさい」と、親という立場を使って、独裁的・支配的に子どもをコントロールすることは簡単ですが、同時に子どもの依存・甘えを助長する危険をはらんでいます。いざ、自立的に行動してほしい段になっても、子どもは親に従ってきただけなので、責任ある選択や行動ができません。子どもの自立を促す親の役割に直面しようとしない、親としての甘えといえるかもしれません。

民主的な家族は、子どもにやりたいほうだいを認める放任もしません。親も子どもも、言いたいことがある、やりたいことがあるなら、**「家族会議」**を開いて、民主的に解決策を話し合うことを勧めます。

未成年の子どもには、当然ながら制約があります。同時に、制約のなかで自由を確保され、自分の意思で選択をし、時には失敗を通して学ぶのです。こうした経験を子どものうちに繰り返すことで、いざ、社会に出たときには、自立した人として社会生活を営めるようになる、ということです。これこそが、子どもの自立を支援する、親としての義務と責任です。

試してみたら、こうなった――❻

パパ

50歳の誕生日の節目に、家族一人ひとりに絵はがきをしたためて、渡しました！

はがきもそれぞれの趣向に合わせて選び、文面も1か月前から通勤時間にスマホでなんども推敲しながら、名前の由来や、父からの思いの丈を書きました。もう遺言に近い(笑)

次男はいつも手の届くところに置いてくれていて、とてもうれしい。三男は、自分から朝練したいと言ってくれて、今は一緒にバットを振ったり、キャッチボールをしたりしています。長男と娘にも、気持ちは受け取ってもらえたと思います。

本丸のヨメはなかなか鉄壁の牙城ですが(笑)、「今度、学校見学に行くよ」とか、少しずつ話してくれるようになりました。伝えてみて、ほんとうによかったです。

熊野

すばらしいお話をありがとうございます！

アクションを起こすということは、とても勇気がいること。廣瀬さんのエピソードが、この本を読んでいる全国のパパにも勇気を与えてくれたと思います。僕もやるぞ！

Column

イラストレーター・エイイチの
#子育てあるある

つい見ちゃうんだよなー

相談 7

妻とのけんかが絶えず、離婚をほのめかされた

畠山大輔さん（仮名）
中2女子、小3女子のパパ

1年半前くらいに、カミさんがブチ切れるという事件がありました。これまでも、けんかをしながら仲直りを繰り返してきたんですが、今回は、これまでのものとは違う感じがします。自分もダメ出しばかりされ、どうしたらいいか、わかりません。

「子育てで大変なとき、あなたはなにもしてくれなかった」

熊野　1年半前の奥様とのけんか、具体的にはどんなことを言われたんですか？

パパ　「もう、一緒に暮らすのは勘弁してほしい」という話をされたんです。

熊野　それは大変だ！

パパ　「結婚のときに決めた家事の分担は全然やらないし、子育てで大変なとき、なにもしてくれなかった」とか、「これから先も、それが変わるとは思えない」とか、一方的に責められて……。

熊野　ああ、なるほど。

パパ　「一生懸命働いている僕の気持ちもわかってくれよ」とも思うのですが、まずは、僕ができる範囲で家事をしようと思って、洗濯、掃除、ごみ捨て、片付けなどは最低限やるようにしました。今朝もやっています。

熊野　生活上の改善はしてみたんですね。それで、どうなりましたか？

パパ　今は、うまくいったりいかなかったり。ただ、僕がよかれと思ってなにかを伝えても、否定されることが多く、精神的にも疲弊してしまって……。

熊野　勇気がくじかれて 11ページ しまっているんですね。

パパ　カミさんには、「あなたはいつも、わたしの言うことを聴いていない」という確固たる思いがあるみたいなんですよね……。

熊野　それは厳しい状況ですね。

パパ　これまで、いろいろあっても僕は幸せだと思って生きてきたんですけれど、なにかが違ったのかなあ、と。自己肯定感も、愛情のゲージも下がってしまって。

熊野　ふむふむ。

パパ　たぶん、カミさんもずっと「いい関係を築きたい」とは考えてきたんでしょうけど、ここにきて、お互いの思いがうまくかみ合っていないと、強く感じています。

妻の子どもへの怒り方がストレスに

パパ　あとは、カミさんが子どもと接しているときに、けっこう、頭ごなしに叱りつけるんです。「なんども言ったよね！」「どうしてわからないの！」みたいに。

　僕はそうやって接するのは逆効果だと思っていて、『なんども言った』というのは、君の考えだけで……」と、つい口を出したくなる。

熊野　うわ！　今、危険な香りがした！（笑）

パパ　言わないですけれどね（笑）。でも、それが毎日、目の前で繰り広げられていることと自体が、すごいストレスです。

熊野　今のことはいったんおいて、これから先のことを考えたときに、どんな状態になれたらハッピーだと思いますか？

パパ　「ちゃんとお互いが受け入れられている状態で、できていないところを裁き合うのではなく、足りないところをサポートし合って、『ありがとう』が行き交う」。それが幸せのイメージなんですよね。
　でも、僕ひとりが思っているだけではダメで、家族全員の協力や一定の合意がないと、スムーズにいかないんだろうな、と。

熊野　そうですね。じゃあ、仮に奥様や子どもた

ちに「パパは、こういう幸せな家族になりたいんだ」と伝えてみたら、「いいね」と言ってもらえそうですか？

パパ　内容自体については、合意してくれると思いますが、今はとても、そんな話し合いの場をもてるイメージがわかない。「神風」でも吹かないとむりそう（苦笑）。

熊野　神風頼みですか！（笑）

熊野　ところで、畠山さんはライフスタイル（性格）として、エキサイトメント・シーカー↓43ページとベイビー↓42ページが強く出てますね。好奇心旺盛な甘えん坊かな？

パパ　まったく否定できません（笑）。

熊野　自分で「めんどうくさい性格だな」と思う点はありますか？

パパ　仕事でもそうですが、とくに親しい人たちとの間で、自分の思いどおりにならない

と不機嫌になって黙っちゃう、というのがありますね。

熊野　まさにベイビーらしいですね。ベイビーは、ことばでのコミュニケーションをはしょって、態度で相手を動かそうとしがち。それを、今までずっと癖としてもっていて、奥様との間でも使ってきたのかもね。

妻はなぜ「わたしのこと、好き?」と聞くのか

パパ　カミさんとの話ですが、「わたしのこと、好き?」と、これまでたくさん聞かれてきたな、というのを思い出しました。

熊野　今でも?

パパ　そうですね。付き合っているときも結婚してからも。今はこんな状態なので、大幅に減ってはいますが、波長が合って親密度が上がると、しつこいくらいに聞かれるんです。僕は、自分なりの覚悟をもって結婚しているので、なんども確認しなくても「当たり前だろ」と思うのですが……。いちおう「好きだ」とは言いますけどね。

熊野　なるほど。それで?

パパ　今、振り返ってみて、なんでそういうことを言ってくるのかなと考えてみると、カ

ミさんにも不安なところがあったからだろうなと思いました。僕が気持ちを受け止めてくれなかったとか、助けてくれなかったとか。

熊野 そうかもしれませんね。

熊野 ちなみに、奥様はどんなライフスタイルだと思いますか？

パパ 彼女は、自分ではすごく嫌がっているんですが、彼女のお母さんによく似ています。

熊野 お母様はどんな方なんですか？

パパ うちのカミさんに輪をかけて、自分のダンナをすごく攻撃する人なんです。実家に行くと、目の前でもガチでやられる。

熊野 それは強烈ですね。

パパ たぶんカミさんも、お母さんに否定やダメ出しをたくさんされて、育てられてきたんだろうと思います。だから、彼女自身、いつも自分を否定しながらも、がんばって生きている感じ。それで、子どもたちにもきつく当たっちゃうのかな。

熊野 おそらく奥様は、お母様から大きな影響を受けていると感じます。それをまねしたいとは思っていないのに、端から見るとそっくりだよというのは、じつは、とてもよくあるケースです。

パパ　そうなんですね。

熊野　母親が、娘を自分の思いどおりにさせようとしたり、厳しいしつけを強要したりして育てると、子どもは感情を抑圧してしまう。でも、ほんとうは甘えたいし、「お母さんは、わたしのことをほんとうに愛してくれているの？」という気持ちをもち続けたまま、大人になってしまう。

パパ　だから僕に「わたしのこと、好き？」と確認してくるんだ。

熊野　程度の差こそあれ、多くの人がそうだと思います。「どうして大好きなお母さんは、『ありのままでＯＫ』と言ってくれないんだろう？」という思いがぬぐえない。

パパ　うんうん、愛情に飢えているんだ。

熊野　だから、とにかく本人が納得するまで、「そのままの君が大好きだよ」「どんなにけんかしても、僕には君しかいないんだ」と伝え続けるしかない。

妻の言動の「目的」はなにか、考えてみよう

熊野　**結局は、「自分の気持ちをわかってほしい」「そのままのわたしを見てほしい」ということなんです。**これは、人間の根源的な気持ちだから、そのこと自体は否定でき

ない。

パパ　そのとおりだと思います。

熊野　「わかってほしい」という気持ちは適切だから、そこには共感すればいい。ただ、そのアピールの仕方がへたっぴで、大人げない。

とはいえ、それを先に指摘しても「やっぱりわかってもらえない」になっちゃうから、伝えるのは、そうとう後回しにするか、最後まで言わないでいいかもしれない。「君の思いはわかるよ」と伝えることだけに集中していたら、そのうち、不適切なやり方でアピールしてこなくなるかもしれません。

パパ　そう接するしか、ないかもしれませんね。

熊野　奥様はいっぱいダメ出しをしてくるという話ですが、でも奥様はめちゃくちゃダンナのことが大好きなんだな、と思って話を聞いていました。

パパ　そうなんですか？

熊野　おそらく、奥様は「ダンナしかいない」と思っていて、だからこそ、「唯一のこの人が、わたしのことを嫌いになってしまったらどうしよう？」という不安がある。

パパ　ああ、なるほど。

熊野　アドラー心理学では**目的論**↓150ページというんですが、人の行動を、原因よりも、その人の目的から考えます。奥様はダンナと別れたいわけではなく、むしろ「ありのままの自分」で愛される、安心の場所がほしいという目的をもっている。

怒りの感情の裏には、じつは不安がある。その不安に共感し、わかろうとしてみてください。「僕のどんな点が、君を不安にさせているか教えて」と伝えてみましょう。不安以外にも悲しさ、寂しさ、落胆とかを抱えていて、たぶん、これらがフルスペックでそろっています。

パパ　ハハハ、笑えない（苦笑）。

熊野　だから、「僕は絶対に、君とは『共白髪』まで向き合いたいと思っています」と伝える。これは、畠山さんから言うしかないと、僕は思います。

パパ　聞いてくれるかどうか不安ですが、伝えて

そのままの君でいて
共白髪まで一緒に
君の思いはわかるよ
愛してるよ
君の不安を聴かせて
僕には君しかいない

みます。ただ、これまでずっと彼女は、不安や不満のえんま帳を何千枚も積み上げてきていますよねえ。帳消しになるまで、どれくらい時間がかかることやら……。

熊野　それについては朗報があります！　これね、一瞬で消えるんですよ。

パパ　ほんとうですか⁉

熊野　人間って、過去の記憶を全部、「今」つくり上げています。「今日まで何千枚ものえんま帳を積み上げてきている」という意味づけは、ただの妄想。心から欲しいと思っていたひと言をダンナからもらえたら、えんま帳はすぐに消えていくんです。

パパ　そうだといいなあ。

妻が自分の母親を許す、ということ

熊野　あと、ほんとうは奥様とお母様との関係、こちらのえんま帳の帳消しというのも、してほしいんです。大人になった娘が母を許す。娘が不安にまみれて生きることになった、理不尽な愛の示し方――その過去を許すしかない。

パパ　なるほど、よくわかります。

熊野　でも、それは奥様にとって、とても勇気がいることでしょう。だから、先に夫婦の間でえんま帳を帳消しにする感覚を味わってみる。そこでやっと、奥様は勇気をもって、お母様と向き合い、許すことができるようになる。「やり方はへたっぴだったかもしれないけれど、今となったら、お母さんの愛もわかるよ」と思えたら、彼女の残りの人生、ひいては畠山家は、めちゃくちゃハッピーになりますよ。

パパ　わかりました。家庭を思い描いたイメージにしていきたいので、僕にできることなら、やってみます。

熊野　これは、**気づいたほうが先に、自分の「わかってほしい」をおいて、やるしかない。**失敗しても、なんどでもトライできる。いちどでパーフェクトを求めなくて、大丈夫です。とても勇気がいることだけれど、畠山さんならできると思います。自分の心のなかに神風を吹かせてください。

アドバイス

1 「僕は絶対に、君とは『共白髪』まで向き合いたいと思っています」と伝える

2 気づいたほうが先に、自分の「わかってほしい」をおいて、やるしかない

目的論／対人関係論

人の行動には、かならず「目的」がある

最近は、「アンガー・マネジメント」ということばも一般的になってきました。「怒りの感情」は、職場ではパワーハラスメントなどに直結しますし、家庭においては、夫婦関係の悪化や子どもへの勇気くじき↓11ページなどを生み出す危険性があります。

怒りは、喜怒哀楽、さまざまな感情のうちのひとつで、それ自体が問題なのではありません。ただ、自分や相手が、どのような**「目的」**をもって、わざわざ「怒り」を選択しているのか、この心のカラクリを知っておくことは、今後、家庭でも職場でも笑顔を増やしたいと願うみなさんにとっては、とても大切なことだと思います。

すぐ感情的に怒る、理不尽な上司や顧客、ヒステリックに子どもをどなりつけている親に出くわすことがあります。**全体論**↓132ページで学んだように、感情が無意識のうちに先走っているのではありません。わたしたちは、「相手がだれか」を見据えて、その相手に自分の気持ちをわかってもらうという「目的」を達成するためには、どの感情がいちばん有効かを考え、意識的に、瞬時に選択をしているのです。

アドラー心理学の基本理論 4

対人関係論

人間のすべての行動には、相手役が存在する

アドラー心理学の基本理論 5

目的論

人間の行動には、その人特有の意思をともなう目的がある

たとえば、部下が同じミスを繰り返すことに業《ごう》を煮やして、「なんで、同じミスするんだよ！」と、怒りの感情とともに「激詰め」モードになってしまったとします。でも次の瞬間、携帯に大切な顧客から電話が入れば、あなたは瞬時に感情を切り替えて、今度は「ゴキゲン」モードで電話に出られるはずです。相手が部下のときには、「自分の落胆の気持ちをわかってもらうこと」を「目的」に、「怒り」を選択したあなたは、相手が顧客に替わった途端に、「目的」を「顧客との関係を良好に保つこと」に切り替え、「喜び」の感情を選択したのです。

問題解決のためには、相手の目的に注目しよう

すぐに怒る上司やヒステリックな親の「怒りの原因」に注目することを、**「原因論」**的なアプローチといいます。確かに、原因を探っていけば、「過去、自分も怒りで教育されてきた」「同期に出世競争で遅れをとりそう」「嫁姑《しゅうとめ》問題でストレスを抱えている」など、それらしい原因はいくらでも出てくるでしょう。これらは、怒りやすい上司や親の現状に対する「解説」にはなりますが、「これから、どうしたらいいか」という「解決」にはつながりません。

一方、**「目的論」**的なアプローチを採用すれば、「この人は、怒りを使って、なにを達成しようとしているのだろう?」と、相手の目的に注目することができます。

相談7の畠山さんの奥様の言動の「目的」を考えてみましょう。子どもに対して怒りモードで「なんども言ったよね!」「どうしてわからないの!」と言うときには、「教えたこと、約束したことを、子どもが守らないことに対する落胆」や、「このままで、ちゃんと自立できるだろうか、という不安や心配」などの気持ちを、「子どもに伝えたいという目的」があって、そのために「怒り」を使っていると理解できます。

奥様のお母様も、おそらく同様に、自分のなかにある「落胆、心配、不安、寂しさ」など

の一次感情を相手に伝えるために、**「怒り」という二次感情**を使ってアピールする、心の癖をもっています。奥様はけっして望んでいないとは思いますが、いつのまにか母親の癖を学び、模倣して、自分の心の癖にしてしまっているのかもしれません。

「もう、一緒に暮らすのは勘弁してほしい」という、離婚をほのめかすような奥様の発言と、「わたしのこと、好き?」と、夫に繰り返し愛情を確認しようとする発言。一見、矛盾するように思えますが、どちらも、奥様の目的は同じです。わたしのことを、ありのままで受け入れてくれるあなたと結婚したはずなのに、「そうではないかも?」と疑いたくなるような言動を繰り返され疲れてしまった。将来に対する不安と心配と寂しさで、とてもネガティブな気持ちになっている――こうした気持ちを、夫に十分に理解してもらいたいのです。

畠山夫婦だけに発生している現象ではないでしょう。かなり多くの夫婦が、同じような気持ちのすれ違いにより、「怒りで相手に感情を伝えよう」とする、だだっこのようなやり取りに終始しています。奥様のアピールの仕方は、不適切かもしれませんが、「自分の気持ちに共感してほしい」という願いは、人として当然です。

そのことに気づいた畠山さんには、どのような行動変容が生まれるでしょうか。そして、このストーリーを疑似体験したあなたは、どんな行動を始めますか。

試してみたら、こうなった──❼

いちおう、カミさんには「あなたのことを、わかってあげられるようになりたい」という主旨の話はしてみましたが、なかなか思うようには伝わっていないかな、というのが現状ですね。

パパ

ただ、以前よりはギスギスしない感じになった気がします。数日後には20周年の結婚記念日があるので、そこでいろいろ話そうと、策をねっています。

あまり劇的な変化は起こっていませんし、まだまだダメ出しされることもありますが、自分から始めるしかないということはわかっていますので、「もういちど、がんばらなきゃな」と思っています。まあ、ほれた弱みです（笑）

熊野

そんなことをダンナさんが考えてくれていると知ったら、奥様もうれしいと思いますよ！

僕も畠山さんも、ベイビー気質のある人は、相手からではなく、自分から先に行動することが苦手。それができたら、「大人のベイビー」になれるかもしれないですね（笑）

Column

イラストレーター・エイイチの
#子育てあるある

がんばってはみたものの

相談
8

子どもが生まれて数年たったが、セックスレスを解消できない

杉山竜也さん（仮名）
3歳男子のパパ

長男が生まれて3年になります。そろそろ2人目が欲しいし、妻とも「兄弟がいるといいかもね」と話をするのですが、セックスを再開するタイミングがわかりません。子どもがいるとなかなか時間もとれず、どうすればいいのか、悩んでいます。

子どもがいるなか、みんなどうやってセックスしているの？

熊野　具体的に、セックスレスの状態がどのくらい続いていますか？

パパ　じつは、妻が長男を妊娠したときからです。妻も産後回復しない時期が長くて、その後はお互い、育児や家事、仕事に必死でした。

　今やっと余裕が出てきたんですけど、「さて、どうすればいいんだっけ？」という感じです。子どもも一緒の部屋で寝ているし、ほかの人たちはこれをどうクリアしたんだろうと思っています。

熊野　なるほどねえ。典型的な日本人らしいお悩みだと思います。ただ、僕らにとって

は当たり前に思えますけど、ほかの国では、じつはそうでもない。

パパ　そうなんですか。

熊野　日本人は平均セックス回数が月2回、年二十数回と、ほかの国と比べると断トツで少ないといわれています。理由は「家が小さいから」や「長時間労働で疲れて、めんどうになるから」がメインです。この回数は平均値だから、まったくしていないという夫婦も、相当数いると思われます。

パパ　わたしと似た状況の人も多そうですねえ。

熊野　キリスト教圏の国では、教会が夫婦で愛を育むパートナーシップの大切さを教えていますし、アジアは、そもそも子だくさんのイメージですよね。

つまり、これは杉山家だけの問題ではなくて、日本の少子化問題にも直結する、とても大切なお話なんです。ですので、ここは明るい日本の未来のために、ぜひ杉山さんに一役買ってもらいましょう（笑）。

パパ　がんばります（笑）。

熊野　では、セックスを再開するうえで望ましい状態は、どんなイメージですか？

パパ　妻とは「義務や作業みたいには、したくないよね」と話をしています。

熊野　愛し合った結果として子どもが生まれる、と。

パパ　そうですね。セックスは男女の究極のコミュニケーションだと思いますし、結婚したころは、「おじいちゃん、おばあちゃんになっても、セックスする仲でいたいね」という話をしていました。だからこそ、おっくうがらず、日ごろの習慣として愛し合えるといいなと思います。

熊野　僕自身の失敗の経験も踏まえると、妻に対する礼儀としても、めんどうくさがらずに向き合うということが、すごく大切だと思いますね。

夫婦の時間を優先することへの「罪悪感」

熊野　「子どもが一緒の部屋で寝ている」という話でしたが、今まで、ある程度の長い時間、夫婦2人だけで過ごしたことはありましたか？

パパ　あります。息子を自分の母に預けて買い物や用事をすませに出かけるとき、ですね。今でも月に1、2回くらいあります。

熊野　じゃあ、そこに1日プラスして、いきなり「やりましょう！」でもいいんだけど（笑）、まずは、2人でゆっくりした時間をもつことはできそうですか？

パパ　そうですねえ。ただ、息子を実家に預けるということに、若干、罪悪感があるんです。息子に対しても、自分の母に対しても。

熊野　罪悪感というのを、もう少し具体的に教えてください。

パパ　「子どものめんどうは親がみるべきだ」と思うし、それを放棄して自分の時間として使うのは気が引ける。会社の同僚や友達と飲んで、帰るのが遅くなった日も、なんとなく罪悪感を覚えます。

熊野　なるほど。それって、一般的にみんなが感じやすいものかもしれませんね。

パパ　わたしの母は、すべての時間を子どもにつぎ込んできたような人で、しかも、それを苦にしなかった。だから、どこかで「自分もそうしなきゃ」という気持ちがある。

熊野　だとすると、正当な理由があるときは子どもを預けられるけれど、ゆっくりしたい

とかセックスしたいとか、そんなことでおばあちゃんの手をわずらわせることには、罪悪感を抱いてしまうかもしれませんね。

パパ　とはいえ、母に息子を預けても、けっして否定的なことを言われるわけではないんですけどね。

熊野　じゃあ、次は子どもへの罪悪感について教えてもらえますか？

パパ　平日はほとんど一緒にいられないだけに、休日は一緒にいてあげたい。息子は、わたしとすごく遊びたがっていて、休日、実家に預けて出かけるときに、だだをこねることはないんですけど、だからこそ「我慢させているんじゃないかな」という、罪悪感があります。

熊野　でも、それってほんとうですかね？

パパ　自分はそう感じていますけど……。うーん。でも、どうですかねえ……。

「罪悪感」は、ただの妄想かもしれない？

熊野　もし、お子さんに「パパ、帰ってこなくてもいいから。僕、おばあちゃん家に泊まりたい」と言われたらどうですか？

パパ 寂しいけれど、うれしいですね。息子と遊びたいという思いもあるんですが、一方で、息子がいない、夫婦だけの時間を過ごしたい、とも思う。

熊野 僕はよく、子育て講演会でお話をするんですが、オーディエンス（聴衆）がパッと明るい顔になる瞬間があるんです。それは、パパ、ママたちに「自分のために、自分がフワフワになれる時間をもちましょう」と伝えたときなんです。

パパ 自分のため、か……。

熊野 「パパとママがニコニコ、笑顔でいるのが、じつは子どもにとって、いちばんうれしい状態なんですけれど、みなさんはいかがですか？」と聞くと、ハッとなる。子どものことを考えているようで、自分の時間を失い、自己犠牲し、ストレスやイライラをつくって、子どもに当たって、という悪循環に陥っているかもしれない。

パパ それは嫌ですね。

熊野 しかも、その大もとをたどっていくと、**「妄想かもしれない罪悪感」**↓170ページがあって、それが自分たちをむしばんでいるのかも。それって、すごくもったいない考え方かもしれないですよね。

パパ 言われてみれば、わたしの想像の域を出ていないですね。勝手に心配しているだけかも。

熊野　確かに、そういう側面もあるとは思うんです。だけど一方で、**子どもと離れて得られる親たちの喜びというのは、かけがえのない、プライスレスなもの**で、親だけでなく、子どもにとっても、あるいは彼の未来の兄弟にとっても、すごく必要な時間の使い方かもしれない。

パパ　まったくそのとおりですね。考えてもみなかった。

熊野　おばあちゃんに対しても同じで、おばあちゃんには子育てへの特定の価値観があるかもしれない。しかし、それを息子夫婦にまで押し付けているかどうかは、まったくわからない。「わたしは時代もあってそういう育て方をしてきたけれど、2人にはもっと自由にしてほしいわ」と思っているのかもしれないですよね。

親と離れることは、子どもの成長のチャンス

熊野　ところで、一時保育や他人に預けるという選択肢はどうですか？

パパ　ちょっと不安があります。うちの子は預けたらすごい泣くだろうな、嫌がるだろうな、と思うので。

熊野　なるほど。そうすると、「罪悪感」に加えて、もうひとつのキーワードは、子どもに対する「信頼」ですね。

パパ　信頼、ですか。

熊野　子どもは最初は泣くかもしれないけれど、意外とそのあとはめちゃくちゃ楽しんでいるかもしれないですよね。

パパ　そうかもしれないなあ。確かにうちの子は、初めての場所ですぐに打ち解けることはないんですが、気づいたら知らない子と遊んでいることもあるんですよね。保育園でも最初はおとなしかったんですけど、最近はお友達とやんちゃしたり、けんかしたりするようになったみたいですし。

熊野　それはいいことですよね。自分の意思をちゃんと主張できてきて、順調に自立に向けて成長してきているあかし。

　子どもは、親のいないところで社会性を身につけていくんです。子どもが親と離
れることは、じつは、子どもにとって成長のチャンス。逆に、子どもが親から離れたらかわいそうと思うのは、「わたしは、あなたに成長してほしくない」というメッセージを、結果的には与えているかもしれない。

パパ　そういえば思い当たることがあって、自分と母との関係が、結果的にそうなっていたと思います。母は身の回りの世話をなんでもやってくれたので、思春期になって親から離れたいと思い始めたころ、どうしたらいいか、わからなかった。自立への不安がありました。

熊野　不思議なことに、そういう思い出がありながら、今度は自分の子どもに対して、同じように接している、と。

パパ　うーん、そうですね。困ったもんだ（笑）。

セックスレスは環境の問題ではない

パパ　今、息子について気になっているのは、ひとり遊びをほとんどしないことです。だから、ずーっと一緒にいなきゃならない。これもひょっとしたら、わたしの考え方や接し方にその理由があるのかな、という気がしてきました。

熊野　僕は保育園を運営していて、たくさんの子を見てきていますが、ひとり遊びはどの子もします。だから、もしひとり遊びをしない子がいたとしたら、それは、親がその状況をつくってしまっていると思います。どう思いますか？

パパ　今日のお話を聞いていると、ありうると思います。

熊野　子どもがパパ、ママと一緒に遊びたがる、これ自体はすごく適切な行動です。ただ、だだをこねるといった不適切な行動に対して、ある程度のところで線を引くというのは、親にとっても、子どもにとっても、すごく有益なことなんです。

パパ　こちらとしても線を引きたいんですけれど、引き下がってくれないときもある。最近、会社から帰ってきたらだだをこねられて、服も着替えられずトイレにも行けず、しかたなく、ひざに抱えたまま夕飯を食べました。

熊野　これ、日本のご家庭に多いんですが、だだっ子に対して、親が愛や優しさを勘違いして、付き合ってしまっている。その結果、子どもの甘えを助長し、自立への足を引っ張り、親である大人側の時間を奪われていくという、典型的な悪循環です。

パパ　そのとおりです（苦笑）。

熊野　ダメなものはダメ、とルールを決める。だって、パパが着替えもまともにできないって、冷静に考えればおかしな話ですよね。むしろ、**子どもに待つことを覚えさ**

せることがほんとうの愛だから、それをちゃんと伝える。ポイントは「優しく、きっぱりと」です。

パパ　確かに、どうしてなのかわからないんですけれど、こっちがほんとうに真剣になにかをしているときは、けっこう、あっさりと引き下がるんですよね。あ、つまり、わたしの態度の問題か。

熊野　「せっぱ詰まったときじゃないと、わたしの時間は確保されない」と思っている。だから、**夫婦だけの2人の時間をつくることが最も後回しになって、何年間もセックスしていない。**話の筋が通りますよね。

パパ　そのとおりですねえ。当然の帰結ということか（苦笑）。

熊野　夫婦のセックスというプライベートな話から始まって、じつは、自分の価値観や考え方、親の影響、子どもへの対処の仕方の問題へと、すごくきれいにつながりました。**子どもと一緒の部屋で寝ているとか、家が広くないとか、環境の問題もあるかもしれないけれど、ほとんどは後付けの理由**で、ちょっと工夫すれば、なんとでもなります。やっぱり、大もとにある物事の考え方を、ちょっと見直してみるのが大切です。

パパ　ですね。

熊野　最終的には、杉山家は望ましいセックスライフを手に入れることができると思っています。というのは、3年間もセックスをしていなかったら、そんなこと、もはや口に出せないという夫婦のほうが圧倒的に多いと思うんですよ。2人とも前向きに進む意思があるわけだから、あとは具体的な行動あるのみです。

熊野　宿題としては、**夫婦の時間をつくる。そのために「罪悪感」を取り払うための話し**

合いをする。おばあちゃんと話してみるのもいいですね。

もうひとつは、子どもに対して、「信頼して見守る」視点をもつ。他人に預けても大丈夫だし、パパの着替えを待つことに線引きしても大丈夫です。

パパ　はい、やってみます。結局、自分が子どもに対して言ったこと、やったことが、最終的に自分に跳ね返ってくるんですよね。自分がやればやるほど「やってやって」と言ってくる。よく考えたら、そこまで手も口も出す必要はないんだな、もっと自由にさせればいいんだな、と思いました。

熊野　もう、そこまで気がついているのであれば、僕から言えることは「そのとおりです」と（笑）。そうやって空いた時間で、せっせと愛を育んでくださいね。

アドバイス

1. **夫婦の時間をつくる。そのために「罪悪感」を取り払うための話し合いをする**
2. **子どもに対して、「信頼して見守る」視点をもつ**

罪悪感と共同体感覚

「罪悪感」を手放して、笑顔と幸せを手に入れよう

杉山さんとのカウンセリング（相談8）では、アドラー心理学固有の概念ではない**「罪悪感」**が、キーワードとして出てきました。ここでは「罪悪感」を、**「共同体感覚」**（アドラー心理学が最終的に目ざしている概念）と対になる概念としてとらえ直し、解説してみましょう。

アドラーは、子育ての目的を「共同体感覚を育成すること」と表現しました。アドラーがいう「共同体感覚」とは、「自分という存在には価値がある」ということを前提に、「そんな自分が、自分だけのためではなく、他者にも貢献できると信じている」という感覚です。

一方、「罪悪感」は、「自分という存在には価値がない（かもしれない）」という、自分への不信を前提に、「こんな自分は、ありのままでは価値を認められないから、なんとかむりして、がんばらなくてはならないと感じている」という妄想のことをいいます。

「罪悪感」という妄想に執着する人は、その反面、「ありのままの自分で愛されたい」「自分は愛されるに値する人のはずだ」と確認したい希望をもっています。これを確認する「目的」（目的論↓150ページ）で、いろいろな試みをするのですが、そもそも「自分への不信」という仮説はスタート地点がずれているので、選択する行動も間違ってしまいます。

たとえば、勇気がくじかれた↓11ページ親は、「こんな自分では、親として失格では？」「愛が足りないのでは？」と不信を抱きます。この誤った仮説を裏づけするために、「明確な理由があるわけではないが、わたしは罪深く、悪い人であるような気がする」という、妄想上の「罪悪感」を持ち出します。そして、これを打ち消そうとして、過保護・過干渉に偏りすぎた子育てをしたり、自分に対する自信のなさの裏返しから子どもを放任したりと、子どもとの距離感を見誤ります。

勇気がくじかれた子どもは、「こんな自分では、愛されないのでは？」「存在自体が悪いのでは？」という不信から「罪悪感」をつくり出し、たとえば、自分の正直な気持ちを抑制して、親の気持ちを忖度《そんたく》するような言動で、親の愛を確認しようとします。ただし、こうした誤った作戦を最後までやりきるのは、大変です。限界に達して「自分を偽り続けるのは、もうむり！」となると、今度は突然ぐれたり、心の病気になったりします。これらの現象も、やはり形を変えた「親の愛を確認するためのアピール」なのですが、愛の確認方法としては、かなりひねくれた選択といえるでしょう。

夫婦でＯＫを出し合えば「罪悪感」は消える

――わたしは、（自分の母の）息子としても、（自分の妻の）夫としても、（自分の子どもの）父親としても、ありのままの自分ではＯＫではなく、愛されるに値しないのではないか？

これが、杉山さんのもっている誤った仮説で、「認知の歪み」（認知論→96ページ）の産物といえます。この仮説を裏づけするために、杉山さんは、次のような「罪悪感」をむりやりつくり出し、間違った帳尻合わせをしようとします。

「それが証拠に、ありのままのわたしの頭のなかには、しばしば、自分を優先させ、自分のために時間を使いたい、という希望が湧き起こる。時には、年老いた母に子どもを預けてまで、夫婦の時間をもちたいと思う。時には、妻に家事と育児をお願いしてまで、会社の同僚や友達と飲みにいきたいと思う。時には、子どもの遊んでほしいという要求よりも、自分のことを優先させたいと思う」

そして、「こんな罪深い思いを抱く自分が、ましてや、それを実行に移そうものならば、自分は、息子としても、夫としても、父親としても愛されるに値しないと『ダメ出し認定』されてしまう」という恐れ（これも「認知の歪み」の産物です）を抱きます。そんな事態を避けたい杉山さんは、そのために行動を選択するのです。「自分のことは、すべて後回しにする」という、自己犠牲にもとづく行動を――。

このように、多くの人が「ありのままの自分ではダメだ」という誤った仮説からスタートし、「その証拠に、わたしは、『自分の希望をかなえたい』という罪深いことを考えている」という、おかしな「罪悪感」をつくり出し、その結果、「だから、わたしは自分を犠牲にし、我慢しなければならない」「周囲の他者も、自己犠牲の精神をまっとうすべきだ」という誤った行動を、自分にも他者にも強いているのです。


産後のセックスレスの背景にも、「罪悪感」が見え隠れしています。「母になったら、快楽としてのセックスをすることは、罪深いこと」と感じ、「母になった自分など、女性として見られるはずがない」と思い込んでいる女性も多いでしょう。同じくらい多くの女性が、「パートナーに、いつまでも女性としての魅力を感じてほしい」と願っているのですが、「その期待が報われないリスクを冒すくらいなら、言わないでおこう」「ほかのことで、自分の気持ちを持ち上げよう」と考え、パートナーとのセックスから目を背けているようです。

男性も、おかしな「罪悪感」にとらわれています。「自分のために時間を使うのは罪だ」という「罪悪感」に加え、妻を「子どもの母」としてとらえ、「自分の性愛の対象として見るのは、悪いことだ」という「罪悪感」をもつくり出している男性は、杉山さん以外にもたくさんいます。現実的には、工夫すれば2人の時間をつくり、セックスする環境を確保することは、そんなに難しいことではないのに、「2人の時間をつくることをしない」という選択をしています。その結果が、「セックスレス世界一の国」という残念な現状です。

杉山夫婦は、子どもが生まれる前は、「おじいちゃん、おばあちゃんになっても、セックスするようなカップルでいたいね」と話していました。愛し合うカップルの、この当然の希望をもういちど取り戻すために、たくさんのOKを夫婦で出し合うことが必要でしょう。「ありのままのあなたでOK」「自分の希望の実現のために、自分の時間を使ってもOK」「子どもがいても、夫婦2人の時間をつくってもOK」「親になっても、次の子づくりを目的としないセックスをしてもOK」、みなさんは、どんなOKを必要としていますか。

自分自身の笑顔の先にある「共同体感覚」

「勇気がくじかれた人」がつくり出す、妄想である「罪悪感」は、なにもしなければ親子代々、連鎖していきます。もし自分の親が、大人になったあなたに、今なお、「罪悪感」にもとづく過干渉などのかかわりを求めてきたとしたら、あなたはどうすべきでしょうか。

「課題の分離」→78ページを思い出してください。いつまでも、勇気がくじかれた親の「子ども（あなた）への依存」という干渉を、受け入れる必要はありません。「勇気くじきと罪悪感の連鎖」を断ち切って、つまり課題を分離して、「共同体感覚」をもった生き方の「お見本」を、子どもに示しましょう。

最初は自分のために試合に出ていたスポーツ選手が、「世界の壁」にぶつかったり、思わぬけがに見舞われたりするなどの紆余《うよ》曲折を経ると、心に変化が生じます。最後は、「自分のために、というよりも、応援してくれる人のために、育ててくれた家族やコーチのために」という心境にたどり着き、その先に、優勝や金メダルが待っていた、というような話があります。「共同体感覚」のパワーを感じる、わかりやすい例です。

「共同体感覚」には、「自分自身の笑顔が起点で、そこから周囲に笑顔が拡散する」という順番があります。夫婦どちらも、自己満足を追求することに「罪悪感」を覚える必要はありません。自己満足からスタートし、その満足や幸せを他者にも広げていけばいいのです。自己満足が、いつの日か**他者貢献**→13ページとイコールになるようなイメージです。

自己犠牲をともなわずに、自分の「存在価値」や「行為による価値」を使って、だれかの役に立つ。職場でも家庭でも、そのような「共同体感覚」をもって行動していたら、きっと、ぐるっと一周して、より大きくなった「笑顔と幸せ」が、自分に返ってくるでしょう。

試してみたら、こうなった――❽

パパ

妻と「罪悪感を手放していこう」という話をしました。

以前は、朝は着替えも手伝って、時間が許す限り、息子と一緒にいようとしていたのですが、「時間になったら行くよ」と言うだけにしてみたら、「今日は早く準備できたから、DVDを見てもいい?」と、自分から交渉してくるようになりました。

帰宅後にまとわりついてくるのも減りましたね。ただ、どうしても引き下がらないときもあって、そんなとき、こちらが感情的になったり、操作しようとしたりすると、息子も躍起になる。ナチュラルに伝えられるようになりたいです。

熊野

子どもというのは、それだけ感受性が豊か。下心はすぐ読み取られちゃいますよね。そこは「優しく、きっぱりと」の、日日のおけいこです。

夜に息子を母に預けて、妻と久しぶりに食事に行きました。純粋にこういう時間をもてたことに満たされました。きっかけはセックスレスだったんですが、セックスをすることよりも、そこまでのプロセスが大事だと気がつきました。それが大きい。

よかった！　杉山家の２人目も近いかな？（笑）

Column

イラストレーター・エイイチの
#子育てあるある

読み聞かせのノルマがきつい

第3章

「ママのキモチ」を予習しよう

「オンナゴコロは難しい」と嘆くパパのため、
ママ向けの著書もある野口勢津子さん（プロフィールは182ページ）に、
「ママのキモチ」について聞きました。

子どもの「ファンタジー」を大切にしてほしい

熊野 じつはこの本、オジサン4人で制作していたんです。男だらけの本なので、日本のママ代表として、野口さんのお話をお聞きしたいと思います。

野口 わたしがママ代表でいいんですか？（笑）

熊野 もちろんです！　パパたちのエピソードを読んでみて、どう思いましたか？

野口 まず、やっぱり男性は、なんでもロジカルに考えるんだなあと感じました。ママはそこまで考えていないかも。「なんでそうするの？」と言われたら、「なんとなく」という感じで（笑）。

熊野 そのロジカルな部分が出すぎて、パパたちは困っているんですよね。

野口 パパの子育てって、「社会に出てから、役に立つかどうか」という基準で考えている人が多いと思います。とくに男の子だと、「おれが率先して、社会の厳しさを教えてやらねば！」と思って、マネジメントしちゃう。

熊野 そのとおりだと思います。つい、パパの「よかれ」が出ちゃう。

野口 そこが男性のよいところでもあるのだけれど、子どもって、ある年齢までは、「子どもにしかない、ファンタジーのような世界」があると思うんです。万能感があったり、常識にとらわれない自由があったり。

熊野　でも、大人になってくると、それが見えなくなっちゃう。

野口　常識や社会のルールは、必要に迫られれば身につきます。でも、**あの「子どもにしか見えない世界」で育つことは、創造力や自分を信じる力、アドラーが言うところの「内発的動機づけ」[*1]を育む、大事な心の成長期になる**と思うんです。その部分は、あとから育てようと思っても難しい。
　そのとき、周りの大人が、その世界にどれだけ付き合ってあげられるか。そんなことを大切にしてあげたいな、と思っています。

熊野　同感ですね。これからの時代、より個性や創造性が求められてくるのだから、そういう面こそ、伸ばしてあげたいですね。

野口　最近は、ママも社会に出て、男性中心のビジネスの世界に入ることが多い。だから、ママもロジカルに考えがちです。仕事は計画どおりにがんばったら、その分、結果が出て、わかりやすい面がある。
　でも、子育ては全然違う活動で、ある意味「がんばってはダメ」という面も多い。信じて見守り、そのままの個性がのびのびと育つようにしてあげたい。「盆栽をつ

*1　内から自然に湧き起こる「やる気」のようなもの。
反対語は「外発的動機づけ」で、外からの賞罰などにより起こる「やる気」をさす

くる」のではなく、「自然栽培」のように、雑草を間引きしたり、日当たりを調節してあげたりするくらいのかかわりかな。

熊野　親の特定の価値観に合わせて育てるのではなくて、ね。その考え方って、アドラー心理学を知る前と後で、なにか変化はありましたか?

野口　まさに以前は「盆栽型」で、「ママががんばってがんばって、しかも早めに手をかけるほど、子どもはいい子に育つ」と思っていました。「3歳までに子どもの人生が決まる」というような本も読んでいましたね。

野口勢津子（のぐち・せつこ）
2人の息子の母。アドラー心理学カウンセリング指導者である岩井俊憲氏に師事し、現在は横浜を中心に「愛と勇気づけの親子関係セミナー」などを開催。著書に『イライラしないママになれる本　子育てがラクになるアドラーの教え』(秀和システム)。

アドラー心理学に出合ったとき、「人は今日からでも変われる」と本に書いてあって、その未来指向の考え方に、希望がもてました。

熊野 「親ががんばる」というより、「一緒に育つ」という感じがいいですよね。

野口 それと**男性って、「女性は子どもを産んだら、母性で自動的に子育てができる」と思っているように感じるのですが、そんなことはないんです。**じつは女性も不安だらけで、とまどうレベルは一緒です。

熊野 勝手に神格化しているところは、あるかもしれないなあ。

野口 そんなママたちが、初めて「ファンタジーに生きる子どもの世界」に触れて、「ああ、こういうところを大切にしてあげたい」と思う。でも、ママも大人になっちゃっているから、「これでいいのかな?」と揺れているんです。

だから、現実味あふれるパパが、「それでいい」とママに言ってあげたら、ママはすごくうれしいし、自分の子育てに自信がもてると思います。

熊野 マネジメントは後回しにしてね(笑)。

野口 子育てが楽しいと思えるかどうかは、ロジカルな部分よりも、予定調和ではないファンタジーの部分を、どれだけ楽しめるかだと思うんです。

それには、パパが率先して、ママが話す子どものエピソードを聴いてあげてほしい。「今日、子どもがこんなことをしたの！」というママの話は、筋道も結論もなく、取り留めがないかもしれないけれど、**思いがけない、うれしくて楽しい驚きを、パパと共有したいから話をするんです。**だから、パパにはお疲れのところ、たいへん申し訳ないのですが、**家に帰ったあと、ママのために「10分間の残業」をしてほしい。**パパは現実にいすぎだから、ファンタジーに浸るくらいの気持ちで。

出産後、急にママが冷たくなる理由

熊野　今の話を聞いて思ったのですが、パパの責任感とか行動力とか、社会的に評価されるポイントにひかれて結婚したママも多いと思うんですよね。でも家族になったら、逆にそこが気に入らない、と感じるようになるのは、なぜだと思いますか？

野口　多くの恋人どうしは、お互いの足りない部分を魅力的だと感じるんですが、**家族というのは、「共通理解がどれだけあるか」がポイント**なんですよね。つまり、結婚前に求めていたものとは逆になる。

外でバリバリとマネジメントしている姿はすてきだけれど、それを家庭内でやっ

熊野 てほしいわけじゃない。求めるスキルが変わってくるんです。

野口 そうか。お互いのすみ分けや補完だけでよかったのが、生活をともにし、子どもができると、共感・協力の役割へと移行しないといけないんだ。

熊野 その役割の移行期間に、恋人どうしの気分のままだと、求めているものが違うから、不満が出ちゃう。パパも、ママのかわいさとか甘え上手とか、そういう部分にひかれて結婚したとすると、「いつまでも甘えるなよ」と感じるようになってくる。だいたいは、女性のほうが母になって、男性よりも先に役割が変わるので、パパは「あれ?」とおいていかれる。そのタイミングのずれが大きかったり、役割の認識ができていなかったりすると、いざこざが起きやすいと思います。

野口 それだ！ そういうことか。愛のタスク[*2]の難しさですね。

熊野 うちの家庭でも、やっと、お互いの足りないところを指摘するのではなく、サポートできるようになってきました。これを「あうんの呼吸」というのかな。

家庭をスナックに見立てると、わかりやすい!?

野口 ところで、わたしは子育て講座でママたちに、「スナックのママになってみて」と

*2 アドラー心理学では、人生の課題を「仕事」「交友」「愛」の3つのタスクに分ける。順に親密度が上がり、難しくなるといわれる

伝えています。
子どもが生まれると、あんなに好きだったパパが色あせて見えて（笑）、どうしても子ども中心になっちゃう。次の子が生まれると、今度はそっちが「カワイイ！」となる。これまで、複数人を同時に愛するという経験をしたことがないし、情動的な部分なので、しょうがないのだけれど、そうすると、パパもすねちゃう。だから、「いつでも、目の前のアナタがいちばんよ」と、スナックのママ目線で家族一人ひとりに愛情を注ぐといい……と。

熊野 なるほど、おもしろい！

野口 この本の中でも、パパは娘に手を出しすぎちゃうという話がありましたが、娘たちは、スナックにたとえるとチーママや若手の子たちなので、パパがそっちばかりに目をかけたら、ママが焼きもちをやいちゃう。お店出入り禁止になっちゃうかも（笑）。だから、パパが「ママがしっかりやってくれているから、みんながすてきに育っているね」という視点でいてくれたら、うれしいなあ。

熊野 さすが日本のママ代表。言うことが銀座のママレベル（笑）。

野口 それに、職場で部下を育てた経験がパパにあるなら、もしかしたら、ママよりも子育てが上手かもしれない。だから、「おれは子育てが苦手だから、ママお願い！」と言わずに、どんどんかかわってほしいですね。

そして、子どものこともちろんだけれど、まずはママのことを支えてほしい。**家族という子育てプロジェクトで、ママはあなたと同じメンバー。パパはプロジェクトリーダーとして、ママの労をねぎらってあげてほしいな。**そうしたらパパも、ママから目一杯愛情を返してもらえると思う。

熊野

そんな、仲良く協力し合う夫婦の姿は、家族みんなを幸せにしますね。

この本のまとめ

「家族を笑顔にしたい」と願い、そのヒントを求めて本書を手にとってくれたパパは、あなたのほかにもたくさんいます。そんなパパの隣には、ともに幸せな家族を築こうと日日を積み重ねるママがいるでしょう。

時に、お互いの存在や貢献が、当たり前のものになりすぎて、「ありがとう」という感謝を伝えることが少なくなってしまいます。またあるときは、そんな相手に「もっと、こっちの気持ちもわかってよ！」と、相手が自分に求める「共感」よりも、自分が相手に求める「共感」を強いることがあります。

パパとママの間には、愛すべき子どもがいます。生まれてきた日には「生まれただけで、まるもうけ」「ありのままの君が大好きだよ」と、心の底から思っていました。その思いは今も変わらないはずなのに、いつのころからか、子どもの気持ちに「共感」するよりも、親の期待に応えてほしいと強いることがあります。

アドラーは、自分の利益だけに関心を向けるのではなく、他者にも関心を向ける「共同体感覚」をもった生き方が、真の幸せにつながることを世に伝えました。それは、序章で示した、人が幸せを感じるための「アドラー心理学　幸せの3条件」を満たした生き方をすること、といえるでしょう。

アドラー心理学
幸せの3条件

1 **自己受容**＝不完全な部分を含む、ありのままの自分でもOKと思える
2 **他者信頼**＝他者を不信の目で見ないで、無条件で信じることができる
3 **他者貢献**＝自己犠牲を感じずに、だれかの役に立っていることを喜べる

親が子どもの「お見本」となって、なにかを伝えるとしたら、わたしは、この「幸せの3条件」を満たしながら「共同体感覚」を実践する姿を見せることだと思います。

職場で、上司や先輩として部下や後輩を育成し、いきいきと活躍する人になってほしいと願うなら、職場で「お見本」を示すべきポイントも、やはりこの「幸せの3条件」と「共同体感覚」に帰着すると思います。

この本では、みなさんと同じように「家族を笑顔にしたい」と願いながらも、うまくいかずに悩み、カウンセリングを受けたことで、考え方や行動を見直す勇気をもてた8人のパパが登場しました。さあ、今度はあなたの番です。8人のパパの行動に勇気づけられたあなたのアクションが、あなたと家族と職場に、笑顔をもたらすことを信じています。

ライティング
（第2章カウンセリング、第3章）
加藤隆行

著者
熊野英一

イラスト
エイイチ

編集
酒井 徹
（小学館クリエイティブ）

装幀　Malpu Design（清水良洋）
本文デザイン・DTP　Malpu Design（佐野佳子）
校閲　牧野朋美

プロフィール

熊野英一

アドラー心理学にもとづく「親と上司の勇気づけ」のプロフェッショナル。株式会社子育て支援代表取締役。

1972年生まれ。早稲田大学政治経済学部経済学科卒業。メルセデス・ベンツ日本に勤務後、米インディアナ大学ケリー経営大学院に留学し、MBA取得。米製薬大手イーライリリー本社および日本法人を経て、保育サービスの株式会社コティに入社し、約60の保育施設立ち上げ・運営、ベビーシッター事業に従事する。2007年、株式会社子育て支援を創業。日本アドラー心理学会正会員。著書に『育自の教科書――父母が学べば、子どもは伸びる』(アルテ)など。

加藤隆行（かとちゃん）

心理カウンセラー、フリーライター。

1971年生まれ。幼少からのさまざまな病気経験より、自身のココロに向き合い続ける。宗教、哲学、スピリチュアル、心理学などに節操なく手を出し続け、44歳にして、20年間勤めたNTTを突然退社。現在は「自分自身と仲直りして優雅に生きる」をコンセプトに、独自のカウンセリング＆セミナーを全国で開催。大人の自己肯定感を育てるプロフェッショナル。

メールマガジン『ココロと友達』
https://www.reservestock.jp/subscribe/62235

エイイチ

イラストレーター。

1974年生まれ。1児の父。全国誌にて似顔絵、漫画の掲載多数。テレビ番組、CM、音楽PVなどのアニメーションも手がける。近年は「日経DUAL」(日経BP社)にて自身の子育て日記「健気なボクと毛無毛なパパ」を連載。その他、日本給食のキャラクターデザイン、『しょくもつアレルギーをしるえほん　いっしょのちがうもの』(絵本塾出版)のイラストを担当するなど、子育て・教育関連の仕事を多く手がけている。

アドラー式子育て
家族を笑顔にしたいパパのための本

2018年7月11日　初版第1刷発行

著者　熊野英一
発行者　山川史郎
発行所　株式会社小学館クリエイティブ
〒101-0051 東京都千代田区神田神保町2-14 SP神保町ビル
電話 0120-70-3761（マーケティング部）

発売元　株式会社小学館
〒101-8001 東京都千代田区一ツ橋2-3-1
電話03-5281-3555（販売）

販売　窪　康男（小学館）
印刷・製本　中央精版印刷株式会社

造本には十分注意しておりますが、印刷、製本など製造上の不備がございましたら、小学館クリエイティブ マーケティング部（フリーダイヤル 0120-70-3761）にご連絡ください。（電話受付は、土・日・祝休日を除く9：30〜17：30）

本書の一部または全部を無断で複製、転載、複写（コピー）、スキャン、デジタル化、上演、放送等をすることは、著作権法上での例外を除き禁じられています。代行業者等の第三者による本書の電子的複製も認められておりません。

©Eiichi Kumano 2018 Printed in Japan
ISBN 978-4-7780-3537-2